南懷瑾文化

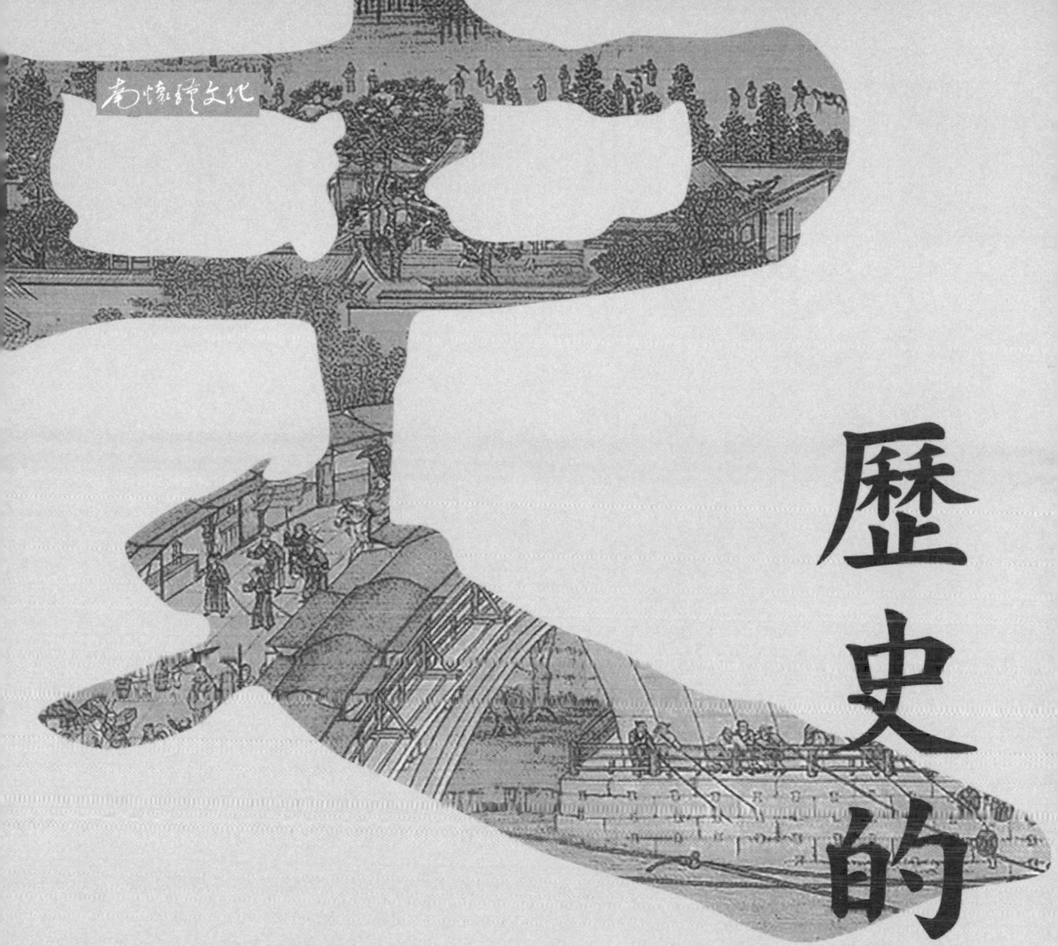

歷史的經驗

南懷瑾◎講述

新版說明

此次重新出版，除修正部分錯漏字和歷史史實外，《長短經》和《戰國策》原文亦根據《四庫全書》和《叢書集成新編》重新校修，《長短經》的註解部分也替換為其他字體，以方便讀者閱讀。

感謝宏忍師、許江先生及諸位學友細心幫忙校修，林豔玲小姐協助排版，日夜辛勞，在此也致上誠摯的謝忱。

編輯室　彭敬
二〇二一年五月

出版說明

《歷史的經驗》這本書，已出版三十年了，它的背後還有一些曲折的故事和變化，可能鮮為人知。

南師懷瑾先生在一九七五年，受邀對一個文史團體「恒廬」，隨興講了一些歷史上的人事變遷和因果轉化。當時是由蔡策先生以中文速記做的記錄。但直到十年後的一九八五年，才略加整理出版，名為《歷史的經驗（一）》。本書出版後一個月，南師就應邀離台赴美了。

由於這本書出版後，廣受歡迎，讀者紛紛詢問盼望第二本出版，於是匆忙中文出版了《歷史的經驗（二）》。可嘆的是，書中的內容是根據一位馮君的粗簡手記，並非蔡氏的記錄，所以問世後，遭到許多質疑。南師在美國得知後，即囑令收回停版。所以《歷史的經驗》只有一本，沒有了「（二）」。

九十年代初，曾有大陸資深媒體人批評，認為南師門下學子，對文字似嫌粗糙，南師還親自致函道歉，由我送達。

十年後的一九九六年，記得是由對古典經文有修養的閆修篆學長，將這本書再加修訂，作為二版印行。至今二十年又過去了。

此次與東方出版社編輯部同步，在簡體字和繁體字兩方面，對書中的人、事、年代等，重加檢校，以酬讀者們的愛護與支持。

最後要說的是：這是一本好書，講經典，也講故事，輕鬆易讀。

劉雨虹　記

二〇一五年冬月

前言

歷史本來就是人和事經驗的記錄，換言之：把歷代人和事的經驗記錄下來，就成為歷史。讀歷史有兩個方向：

一是站在後世——另一個時代，另一種社會形態，另一種生活方式，從自我的主觀習慣出發，而又自稱是客觀的觀點去看歷史，然後再整理那一個歷史時代的人事——政治、經濟、社會、教育、軍事、文學、藝術等等各個不同的角度去評論它、歌頌它、或譏刺它。這種研究，儘管說是客觀的批判，其實，始終是有主觀的成見，但不能說不是歷史。

二是從歷史的人事活動中，擷取教訓，學習古人作人臨事的經驗，做為自己的參考，甚之，藉以效法它、模仿它。中國自宋代開始，極有名的一部歷史鉅著，便是司馬光先生的《資治通鑑》。顧名思義，司馬先生重輯編著這一部歷史的方向，其重點是正面針對皇帝們——領導人和領導班子們的政治教育必修的參考書。所謂「資治」的涵義，是比較謙虛客氣的用辭。資，是資助——幫助的意思。治，使是政治。合起來講，就是拿古代歷史興衰成敗的資料，幫助你走上賢良政治、清明政治的一部歷史經驗。因此，平常對朋友們談笑，你最喜歡讀《資治通鑑》意欲何為？你想作一個好皇帝，或是作一個頂天立地的大臣和名臣嗎？當然，笑話歸笑話，事實上，《資治通鑑》就是這樣一部歷史的書。

我講歷史的經驗，時在民國六十四年（一九七五年）春夏之間，在一個偶然的機會，一時興之所至，信口開河，毫無目的，也無次序的信手拈來，隨便和「恒廬」的一般有興趣的朋友談談。既不從學術立場來討論歷史，更無所謂學問。等於古老農業社會三家村裡的落第秀才，潦倒窮酸的老學究，在瓜棚豆架下，開講《三國演義》《封神榜》等小說，贏得大眾化的會心思忖而已。不料因此而引起許多讀者的興趣，促成老古文化出版公司搜集已經發表過的一部份講稿，編排付印，反而覺得有欺世盜名的罪過，因此，聯想到顧祖禹的一首詩說：「重瞳帳下已知名，隆準軍中亦漫行。半世行藏都是錯，如何壇上會談兵」。我當懺悔。

中華民國七十四年（一九八五）端陽　南懷瑾自述

目錄

新版說明 5
出版說明 6
前言 8
話題 19
神謀鬼謀 22
春秋多權謀 24
正反相生（《長短經·反經十三》） 27

古今無定法　32
仁愛的流弊　34
仗義的流弊　36
義氣與大義　36
信陵君的故事　38
講禮的流弊　40
漢文帝反對繁文縟節　40
郭嘉論袁紹與曹操　42
樂樂的流弊　44
名器的流弊　46

重法制的流弊　48
刑賞的流弊　50
學識的流弊　51
一字可以罪人　51
盜竊死人以自豪　53
福利社會的事　55
孟子講故事　56
楚靈王的故事　57
尚賢的流弊　59
賢人政治與黨禍　60

姜太公論派系問題　62
不能善用所長的五反　65
姜太公論三明　72
專權與嫉妒　75
文武兼資論　78
倡廉的流弊　81
人與牛的故事　82
匡衡論政風　83
忠孝的流弊　85

更上一層樓的道理　86
京房的故事　88
莊子的著作權被盜　91
田成子竊齊的故事　96
晏子論權　98
聖法的流弊　95
聖盜同源　101
蘇秦的歷史時代　115
遠見抵不住現實的短視　126
蘇秦受到反教育　129

藥不對症的言論　131
人情千古重多金　137
雛燕初飛　140
反覆波瀾的人世　144
人才與時代歷史　149
牽涉到商鞅　152
外才與內用　156
張儀的故事　158

刺激的教育　161
山粱雌雉　時哉！時哉！　163
引用歷史的經驗　172
長短縱橫　184
人臣之道　187
六種正臣的典範　188
怨臣之道　196
反派臣道的形態　202

防邪之道 207
忠奸之辨 217

話題

「歷史的經驗」這個題目，是貴會負責人出的，大得無可比擬。若想要就這個題目研究，同時可走幾種路線：一個是應用的方面，怎樣用得上歷史的經驗。一個是純粹的推論，研究學理的一方面。這是歷史學家的事，現在大學中的歷史系、歷史研究所，大概向這一方面走，偏重研究學理，不大講應用。我們在這裏所講的性質，是要偏重於講應用的。

歷史的經驗，如果我們以邏輯的立場來看，這個題目的本身就是答案，因為歷史的本身就是經驗。如果我們以學術的觀點看歷史，所謂歷史，全部不過是兩個問題：一個人的問題，一個事的問題。歷史的記載，不外人與事。從人的方面來講，大概又分兩個方向來立論，拿舊的觀念說：一個是經、一個是權。經是大原則，不能變動，權又叫作權變，就是運用的方法。

從事的方面來講，西方文化現在是二十世紀，只有兩千年，但在中國來說，已經上下五千年了，所看到的事，似乎有現代與古代的不同，假使我們對歷史有真的瞭解，就沒有什麼不同了。「風月無今古，情懷自淺深。」宇宙沒有什麼過去、現在、未來的太多不同，它永遠是這樣的太陽、這樣的月亮、這樣的風、這樣的雨，只是人的思想觀念上感受不同，發生了情感、思想上不同的形態，我們中國人用文學的表達，就成了這樣的詩句。古人主張多讀書，就是在於吸收歷史上許多經驗。

今日我們講「歷史的經驗」這個課程，應該向哪一方面講？這就要先有一個立場了。應該先問問我們今日工作上、業務上需要的是什麼？就在這個觀點去找歷史的經驗，這是一個立場。假如我們是在大學裏，從學術的立場去看歷史的經驗，又是另外一個講法。因此今日我們以應用的立場來講歷史的經驗就相當的複雜了。當商量決定這個題目的時候，我覺得好玩，就一口答應下來。我有一大毛病，到老改不了「童心未泯」，始終貪玩。等到真正臨講以前，一個星期以來心情非常沉重，因為沒有東西可講；這是一個創新的課程，國內外各大學，還沒有這樣一門課程，無成規可循。其次包括的資料太多，假使編一本書，一定很有趣，編得現代化一點，銷路一定不壞。但沒有這個準備和時間，它的範圍牽涉到二十五史內外許多學問，什麼都用得上，這是第一個精神上感到負擔很重的地方。其次站在這個立場來講這個題目，責任上有一個很重的負擔，這裏要講的「歷史的經驗」，實際上就是講「謀略」，看到現在學校裏專講「謀略學」的，我覺得很有趣的，七十二變、三十六計都拿出來了，還有人專門寫這類的書。但我覺得講「謀略學」必須要嚴重的負責，因為「謀略」是一把刀，它的本身沒有善惡，用得好是救人的，用不好，的確是害人的。我們受舊文化的影響很深，對因果的觀念根深柢固，去不了的。假使有人聽了以後，用來做了一件壞事，或者害了別人，自己好像就會背上很大的因果責任，良心上很難受，所以覺得很嚴重。

神謀鬼謀

真講「謀略學」，要先有幾個方面的認識，以前講《論語》時曾提到過，中國文化大致分為君道、臣道和師道：君道是領導的哲學與藝術；臣道也包括了領導的藝術，不過，比較有承上接下的哲學與藝術；至於師道又另當別論。可是說到師道，我們中國文化歷史上有句成語，在《曾子》這本書中，曾經提出一個原則：「用師者王，用友者霸，用徒者亡。」我們的歷史經驗，「用師者王」，像周武王用姜太公，稱之為尚父，這稱呼在古代是很尊重的，當然不是現代所說乾爹的意思，但非常非常尊重，是對尊長一輩的人，才能稱呼的。歷史上列舉湯用伊尹，周文王用呂望（姜太公），都是用師，就是領導人非常謙虛，找一個「師」來「用」，便「王天下」成大功。至於齊桓公用管仲，漢高祖用陳平、張良之流，劉備用諸葛亮等等，都是

「用友者霸」的好例子。至於「用徒者亡」，是指專用服從的、聽命的、乖乖的人，那是必然會失敗的。這是曾子體察古今的歷史經驗，而後據以說明歷史興衰成敗的大原則，由此可知師道也很難講。

春秋多權謀

那麼我們對於謀略學，該怎樣講法？走什麼樣的路線呢？我們先看謀略的本身：講到謀略兩個字，大體上大家很容易瞭解。假使研究中國文化，古代的書上有幾個名辭要注意的，如縱横之術，鈎距之術，長短之術，都是謀略的別名。古代用謀略的人稱謀士或策士，專門出計策，就是拿出辦法來。而縱横也好，鈎距也好，長短也好，策士也好，謀略也好，統統都屬於陰謀之術，以前有人所說的什麼「陰謀」、「陽謀」，並不相干，反正都是謀略，不要把古代陰謀的陰，和「陰險」相聯起來，它的內涵，不完全是這個意思。所謂陰的，是靜的，暗的，出之於無形的，看不見的。記載這些謀略方面最多的，是些什麼書呢？實際上《春秋》《左傳》就是很好的謀略書，不過它的性質不同。所以我們要研究這一方面的東西，尤其是和現代國際問題有關的，就該把《戰國策》《左傳》《史記》這幾本書讀通了，將觀念變成現代化，自然就懂得了。現在再告訴大家一個捷路：把司馬遷所著《史記》的每一篇後面的結論，就是「太史公曰」如何如何的，把它集中下來，這其間就有很多謀略的大原則，不過他並不完全偏重於謀略，同時還注意到君子之道，就是作人的基本原則。

研究這幾本書的謀略，其中有個區別。像《戰國策》這本書是漢代劉向著的，他集中了當時以及古代關於謀略方面的東西，性質完全偏重於謀略，可以說完全是記載智謀權術之學的。這本書經過幾千年的抄寫刻板，有許多字句遺漏了，同時其中有許多是當時的方言，所以這本書的古文比較難讀懂。左丘明著的《左傳》，如果從謀略的觀點看這本書，它的性質又不同，定有個主旨——以道德仁義作標準，違反了這個標準的都被刷下去，事實上在歷史的評斷也是刷下去了。所以雖然是一本謀略的書，但比較注重於經——大原則。至於《史記》這一本書，包括的內容就多了。譬如我們手裏這本《素書》中，就有一個很好的資料——〈留侯世家〉，就是張良的傳記，我想大家一定讀過的，這是司馬遷在《史記》上為張良所寫的傳記。如果仔細研究這一篇傳記，就可自這一篇當中，瞭解到謀略的大原則，以及張良作人、做事的大原則，包括了君道、臣道與師道的精神。

正反相生（《長短經・反經十三》）

〈反經〉在領導哲學的思想上很重要，我們看過去很多的著作，乃至近七、八十年來的著作，都不大作正面的寫法。有一點我們要瞭解，中共對這些都有研究的，他們曉得人是具有這樣的成分，所以我們今日，對於一些反面的東西，不能不注意。

〈反經〉的「反」字，意思就是說，天地間的事情，都是相對的，沒有絕對的。沒有絕對的善，也沒有絕對的惡；沒有絕對的是，也沒有絕對的非。這個原理，在中國文化中，過去大家都避免談，大部分人都沒有去研究它。這個思想源流，在我們中國文化裏很早就有，是根據《易經》來的，《易經》的八卦，大家都曉得，如「☷」是坤卦，它代表宇宙大現象的大地，「☰」乾卦，它代表宇宙大現象的天體，兩個卦重起來，「䷋」為天地「否」卦，否是壞的意思，倒楣了是否，又有所謂「否極泰來」，倒楣極點，就又轉好了。但是，如果我們倒過來看這個卦，就不是「䷋」這個現象，而變成了「䷊」地天「泰」卦，就是好的意思。《易經》對於這樣的卦就叫作綜卦，也就是反對卦，每一個卦，都有正對反對的卦象。（其實《易經》的「變」是不止這一個法則，這都叫卦變。）

這就說明天地間的人情、事理、物象，沒有一個絕對固定不變的。在我的立場看，大家是這樣一個鏡頭，在大家的方向看，我這裏又是另外一個鏡頭。因宇宙間的萬事萬物，隨時隨地都在變，立場不同，觀念就兩樣。因此，有正面一定有反面，有好必然有壞。歸納起來，有陰就一定有陽，有陽一定有陰。陰與陽在哪裏？當陰的時候，陽的成分一定涵在陰的當中，當陽的時候，陰的成分也一定涵在陽的裏面。當我們做一件事情，好的時候，壞的因素已經種因在好的裏面。譬如一個人春風得意，得意就忘形，失敗的種子已經開始種下去了；當一個人失敗時，所謂失敗是成功之母，未來新的成功種子，已經在失敗中萌芽了，重要的在於能不能把握住成敗的時間機會與空間形勢。

我們在說〈反經〉之前，提起卦象，是說明人類文化在最原始的時代，還沒有文字的發明，就有這些圖象，重疊的圖案。這種圖案就已經告訴了我們這樣一個原理：宇宙間的事沒有絕對的，而且根據時間、空間換位，隨時都在變，都在反對，只是我們的古人，對於反面的東西不大肯講，少數智慧高的人都知而不言。只有老子提出來：「禍兮福之所倚，福兮禍之所伏。」福禍沒有絕對的，這雖然是中國文化一個很高深的慧學修養，但也導致中華民族一個很壞的結果。（這也是正反的相對。）因為把人生的道理澈底看通，也就不想動了。所以我提醒一些年輕人對於《易經》、唯識學這些東西不要深入。我告訴他們，學通了這些東西，對於人生就不要看了。萬一要學，只可學成半吊子，千萬不要學通，學到半吊子的程度，那就趣味無窮，而且覺得自己很偉大，自以為懂得很多。如果學通了，就沒有味道了（一笑）。所以學《易經》還是不學通的好，學通了等於廢人，一件事情還沒有動就知道了結果，還幹嘛去做！譬如預先知道下樓可能跌一跤，那下這個樓就太沒道理了。《易經》上對人生宇宙，只用四個現象概括：吉、凶、悔、吝。沒有第五個。吉是好，凶是壞，悔是半壞、不太壞、倒楣。吝是閉塞、阻礙、走不通。《周易．繫傳》有句話，「吉凶悔吝，生乎動者也。」告訴我們上自天文，下至地理，中通人事的道理盡在其中了。人生只有吉凶兩個原則。悔吝是偏於凶的。那麼吉凶哪裏來？事情的好壞哪裏來？由行動當中來的，不動當然沒有好壞，在動的當中，好的成分有四分之一，壞的成分有四分之三，逃不出這個規則，如鄉下人的老話，蓋房子三年忙，請客一天忙，討個老婆一輩子忙，任何一動，好的成分只有一點點。

這些原理知道了，〈反經〉的道理就大概可以知道。可是中國過去的讀書人，對於〈反經〉的道理是避而不講的。我們當年受教育，這種書是不准看的，連《戰國策》都不准多讀，小說更不准看，認為讀這方面的書會學壞了。如果有人看《孫子兵法》《三國演義》，大人們會認為這孩子大概想造反，因此縱橫家所著的書，一般人更不敢多看。但從另一觀點來說，一個人應該讓他把道理搞通，以後反而不會作壞人，而會作好人，因為道理通了以後，他會知道，做壞的結果，痛苦的成分佔四分之三，做好的，結果麻煩的成分少，計算下來，還是為善最划算。

其次所謂反，是任何一件事，沒有絕對的好壞，因此看歷史，看政治制度，看時代的變化，沒有什麼絕對的好壞。就是我們擬一個辦法，處理一個案件，拿出一個法規來，針對目前的毛病，是絕對的好。但經過幾年，甚至經過幾個月以後，就變成了壞的。所以真正懂了其中道理，知道了宇宙萬事萬物都在變，第一等人曉得要變了，把住機先而領導變；第二等人變來了跟著變；第三等人變都變過了，他還在那裏罵變，其實已經變過去了，而他被時代遺棄而去了。〈反經〉的原則就在這裏。

古今無定法

現在看本文，舉了很多歷史的例子：

「臣聞三代之亡，非法亡也，御法者非其人矣，故知法也者，先王之陳迹，苟非其人，道不虛行，故尹文子曰：仁、義、禮、樂、名、法、刑、賞。此八者，五帝三王治世之術。」

這是大原則，這裏列舉中國上古三代的亡去，這個亡不要一定看成亡國的亡，時代過去了，沒有了，都稱亡，如昨天已經過去了，用古文可寫成「昨日亡矣。」這裏的寫法，不能認為昨天亡掉了，亡者無也，是過去了，沒有了的意思。所以三代的成為過去，並不是因為政治上法治有什麼不好而亡的。而是說不管走法家的路線、儒家的路線或道家的路線，一切歷史的創造在於人，如現在講民主，民主是很好，但統御這個民主制度的，還是在於人，如果人不對，民主制度也會被用壞了，專制也是一個政治制度，是一個「法」，法本身沒有好壞，統御法的人，領導的人不對，就會弄壞。所以從這裏的論斷來說，民主也好，法治也好，專制也好，獨裁也好，這些都是歷史文化的陳迹，都成了過去，實際上做壞做好，還是要靠人。

「仁、義、禮、樂、名、法、刑、賞」，是中國文化所處處標榜的，可是在〈反經〉的縱橫家看來，儒家所講的「仁義」，道家所講的「道德」這些名稱，都不過是政治的一種措施、一種方法而已，他們認為儒家、道家標榜這些，是好玩的，可笑的，這不過是一種政治方法，有什麼好標榜的！

仁愛的流弊

「故仁者，所以博施於物，亦所以生偏私。——反仁也。議曰：在禮，家施不及國，大夫不收公利，孔子曰：天子愛天下，諸侯愛境內，不得過所愛者，惡私惠也。故知偏私之仁，王者惡之也。」

譬如仁就是愛，普偏的愛大家，當然是好事。可是愛的反面，就有私心，有愛就有偏私，這裏並舉出，在中國古代的禮樂制度，是文化的原則。但家與國要分開的，所給某一家的義務不能普及到全國，給某一家的鼓勵，也不能普及於全國。在位服務公家的人，雖然為官大夫，但對公家的公名公利，絕不能歸於己有。如宋史上有名的宰相王旦，他提拔了很多人，可是當面總是教訓人，等他死了以後，大家才知道自己曾經被他提拔過。當時寇準曾經問他，為什麼提拔了而不讓人知道？王旦說，他提拔人，只是為國家遴選人才，何必讓被提拔的人來感謝他私人，所謂「授爵公朝，感恩私室」的事不幹，這是大夫不收公利的例子。

接著又舉孔子的話：「天子愛天下，諸侯愛境內」，仁愛有一定的範圍，超過了範圍，就變成私了，如果有偏心，他對我好，我就對他仁愛，這是不可以的，只要偏重仁愛，偏私就會來。自古庸主敗亡者多仁慈而不智，項羽、梁武帝等人，其例甚多。

仗義的流弊

「義者，所以立節行，亦所以成華偽。——反義也。議曰：亡身徇國，臨大節而不可奪，此正義也。若趙之虞卿，棄相捐君，以周魏齊之危。信陵無忌，竊符矯命，以赴平原之急。背公死黨之義成，守職奉上之節廢，故毛公數無忌曰：於趙則有功矣，於魏則未為得。凡此之類，皆華偽者。」

義氣與大義

義的正反面，如對朋友講義氣，講了的話，一定做到，言而有信，對朋友有義，這個節操品行很好，但是處理不當，相反的一面，就有大害了。而且變成「華偽」，表面上很漂亮，實際上是假的，這就是反義。從歷史的經驗來說，義的正面是國家有困難，社會有困難，為了救社會，為了救國家，為了幫助很多的人，把自己的生命都犧牲掉，在最要緊的地方，絕不投降，絕不屈服，這才是正義，在義的正的一面，便是大義。

可是歷史上有許多事情，看起來是講義，實際上都錯了。如戰國時候，趙國宰相虞卿的故事（在《戰國策》，或《史記・虞卿列傳》裏都有記載）。虞卿這個人了不起，他曾著了一部書──《虞氏春秋》，比呂不韋的《呂氏春秋》還要早一點──他是一個知識分子，平民出身，遊說諸侯，得到趙王的信任當輔相，而在當時國際之間，那麼紊亂的情形，他起碼比現在的季辛吉更高明。這個人非常講義氣，他已經當了趙國平原君那麼信任的輔相，而他的朋友，魏國的公子魏齊，在魏國出了事情被通緝了，逃到趙國來找他。在當時的魏趙之間的關係上，趙國應該把魏齊送回魏國去的。可是虞卿是趙國的輔相，魏齊以當年未發達時的私人朋友身分去找他，如果站在法制的立場，虞卿應該把這件事報告趙王，把魏齊引渡到魏國去。而虞卿認為如果這樣做太不夠義氣了。魏齊是自己年輕未發達時的好朋友，今天他在魏國政治上遇到這樣大的困難，偷偷來投奔，如果把他送回魏國，就太不夠義氣，因此「棄相捐君」，連宰相都不當了，偷偷離開了趙王，帶魏齊一起跑了。這件歷史上的故事，從作人方面來講是難能可貴的，這是講義氣，但對公的大義而言，這種義氣是不對的。

信陵君的故事

第二件故事，在《古文觀止》上就有編載，戰國時代魏公子信陵君，是戰國時的四大公子之一，和齊國的孟嘗君，趙國的平原君，楚國的春申君先後齊名，都爭相養士。信陵君名無忌，和趙國的平原君是好朋友，平原君有了急難，非要魏國出兵，可是魏王不答應，於是找信陵君，信陵君就把魏王發兵的印信偷出來——由魏王寵愛的妃子幫忙，把印信偷出來，發令出動自己國家的三軍，幫忙趙國打垮了敵人。這件事在信陵君來說，是對趙國的平原君夠義氣了，但到底兵符是偷來的，並不是國家元首發布的命令，也是不對的。

所以對這兩件事的結論是「背公死黨之義成，守職奉上之節廢。」以歷史上這兩個大名人的故事來講義，他們違背了大義。為朋友可以賣命，犯法就犯法，為朋友是真的盡心盡力了，這種私人之間的義氣是夠。但是這兩個人可不能只講私人的義氣，因為他們是有公家職務的人，這樣做是違背了職務的守則，對上不忠實。「守職奉上」之節也是義，所以從這兩件事上來講，他們實在有虧職守。因此毛公（趙國隱士）就批評信陵君，這樣做，對於趙國雖然有功，而對於他自己的魏國來說，就並不算是合理了。凡這一類的歷史故事，把義做得過頭，反過來了，就容易變成虛偽，都是為了私心而用手段的。

講禮的流弊

「禮者，所以行謹敬，亦所以生惰慢。——反禮也。議曰：漢時欲定禮，文帝曰：繁禮飾貌，無益於禮，躬化為可耳，故罷之。郭嘉謂曹公曰：紹繁禮多儀，公體任自然，此道勝者也。夫節苦難貞，故生惰慢也。」

漢文帝反對繁文縟節

中國文化最喜歡講禮，禮也包括了一切制度。有禮、有規矩，在公家或私人的行為上，是比較好。但是相反的，制度、規矩，行久了，太多了，會出大毛病，會使人偷懶、逃避。和法令一樣，立法太繁，就有空隙可鑽了。

在這一節中提出反面的歷史事例，漢高祖統一天下以後，由叔孫通建立了政治制度以外，由春秋戰國下來，經過秦始皇到漢代為止，中國文化又是被攔腰斬了一刀，沒有好好的建立。叔孫通替漢高祖建立的是政治制度，沒有建立文化制度。所以現在講到中國的學術思想，都講「漢學」，「漢學」也稱作「經學」，像四書、五經等等，都是在秦始皇的時候，沒有被燒光的，由沒有被殺的讀書人找出來，背出來的，在漢時重新建立的。我們現在看到的四書、五經以及《老子》《莊子》等等古書，認真考證起來，有的地方是有問題，不一定和當時的原書完全一樣，在漢代重新建立時，有的還是難免背錯了，所以最初文化沒有建立根基。到了漢文帝的時候，學者們建議定禮，可是漢文帝反對。後來到漢武帝的時候，才建立以儒家思想為基礎的中國文化系統。當時漢文帝和他的母親，是崇拜道家老子思想的，那個時候的政治哲學，是主張政簡刑清，完全是老子思想，盡量的簡化，不主張繁瑣，這是有名的所謂「文景之治」。到了漢文帝的孫子——漢武帝的時候，才主張用儒家，兼用法家的思想。所以在中國的文化歷史，嚴格的看「文景之治」這一段，比較空白，但也比較樸素。漢文帝當時反對定禮，所持的理由是，儒家的禮太繁了，我們讀《禮記》就知道，他的說法不無道理，所以墨子也早已反對，還有很多學者和墨子一樣都反對繁文縟節，孔子、孟子的思想，對於過分的禮也是不太贊成。照《禮記》的規矩，真是繁瑣得很。我們現在這樣站，這樣坐都不對的，講話、走路、站、坐、穿衣，生活上一點一滴，都要小心謹慎，所以說是繁禮，麻煩得很，討厭得很，專門講外表，笑都不能哈哈大笑，不能露齒，那多痛苦！漢文帝認為這並不是禮的真正精神，不必定那麼多條文，大家只要以身作則來教化，就可以了，所以下令不談這個問題。

郭嘉論袁紹與曹操

另外一個故事，是用曹操的例子。郭嘉是曹操初期最好的參謀長，頭腦並不亞於諸葛亮，可惜年輕就死了。當時曹操想打垮袁紹很困難，袁紹當時是世家公子，部隊也多，等於軍政大權都掌握在袁紹手裏。曹操力量薄弱，簡直不能和袁紹比。可是當曹操和郭嘉討論當時的戰略時，郭嘉對曹操說，不必擔心袁紹。袁紹一定會失敗的，因為袁紹是公子少爺，世家公子出身，處處講規矩，到處要擺個架子。而你曹操，不講究這些，體任自然，出來就出來了，該怎麼做就怎麼做，這就會成功。而袁紹處處來個禮儀規矩，文化包袱太重了，擺不掉，一定失敗。你的體任自然的直截了當作風，大家都願意合作，是成功的有利條件。

因為處處要人守禮，要人講節義，這是令人痛苦的事情，要人壓制自己，每一個人講修養；要求每個人都是聖賢，有學問，有道德，守住這種貞節是很困難的。即使每個人都講禮，都守規矩，這樣習慣了以後，萬事就都沒得進步了。換句話說，文化學術悠久了，沒有精進，也不行。

樂樂的流弊

「樂者，所以和情志，亦所以生淫放。——反樂也。《樂書》曰：鄭衛之音，亂代之音，桑間濮上之音，亡國之音也。故嚴安曰：夫佳麗珍怪，固順於耳目，故養失而泰，樂失而淫，禮失而彩，教失而偽，偽彩淫泰，非所以範人之道。」

樂在古代的含義，並不限於音樂，以現代的名辭而言，樂包括了文化與藝術，乃至如歌、舞、音樂等等。這裏說樂本來是好的東西，可以調劑人的性情，是社會文化不可缺少的，但是它的毛病，會使人墮落。我們看歷史，一個國家富強了，文化鼎盛，藝術發達到最高點的時候，也就是這個國家、民族、社會最墮落的時候，所以樂有反的一面。《樂書》就說，春秋戰國時候，鄭國和衛國的音樂，就是亂世的音樂，《詩經》裏也收集了一點桑間濮上男女偷情的詩歌。我們現在的部分歌詞，以古代對音樂的觀點看來，是充滿了桑間濮上之音，這是靡靡之音，所以極須要把它淨化。因此引用嚴安的批評說：「佳麗珍怪」，如現代的各種選美，就是佳麗，珍怪就是希奇古怪的東西拿出來公開、展覽、比賽。社會太安定了，沒有事做，就搞這些事情，好聽、好看、鬧熱。人類社會真的絕對安定，真到了各個生活滿足，那麼整個社會就完了。「養失而泰」，養就包括民生，民生太舒泰了，社會就墮落下去。「樂失而淫」，淫就是過度了。「禮失而彩」，文化精神喪失了，表面好聽好看的東西卻特別多。文化不是只靠歌舞戲劇就可以宣傳得好的。如戲劇裏演出來好人有好報，惡人有惡報，該是正確的，可是一些孩子看了，專去學戲裏壞的動作那一部分，這後果可嚴重。「教失而偽」，提倡教育是好的，教育的偏差，結果知識越豐富的人，作假越厲害。養樂禮教都對，但每一事都有反的一面，「偽彩淫泰，非所以範人之道」，要求社會上每個人都一定走上一個軌道，是做不到的，所以講領導哲學，為政之難。目的在矯正，如矯正得過度了一點，結果發生的偏差就很厲害了。

名器的流弊

「名者，所以正尊卑，亦所以生矜篡。——反名也。議曰：古者名位不同，禮亦異數，故聖人明禮制以序尊卑，異車服以彰有德，然漢高見秦皇威儀之盛，乃歎曰：大丈夫當如此，此所以生矜篡。《老經》曰：夫禮者，忠信之薄而亂之首，信矣哉。」

名，是很好的，給人家名譽，這是好事，如現在的表揚好人好事，絕對沒有錯，但是也會使人生矜篡的念頭，就是傲慢、篡奪的念頭，這就是由名位而生相反的一面。中國的古禮，名稱地位不同，待遇也不同，古代的官制很嚴格，階級不同，穿的顏色也不同，它的最初目的在表揚有德，這是好的。可是像秦始皇的車服，顯示得那麼威風，而漢高祖和項羽，當時看了秦始皇的那種威儀以後，漢高祖心裏面就起了「大丈夫當如是乎」的念頭，項羽更直截了當起了「取而代之」的念頭，名位就有這樣反的一面，正如老子的話：「夫禮者，忠信之薄而亂之首。」人的本質差了，就提倡禮，但是有了禮，制度規範是很好，可也是倡亂的開始。從漢高祖、項羽看了秦始皇的威儀所起的念頭這件事，老子的這句話是可信的了。

重法制的流弊

「法者，所以齊眾異，亦所以乖名分。——反法也。議曰：《道德經》云：法令滋彰，盜賊多有。賈誼云：法之所用易見，而禮之所為至難知也。又云：法出而奸生，令下而詐起，此乖分也。」

這是講法治的道理，每個人處處規矩，每人都有他的守則或範圍，本來很好，可是毛病也出在這裏，正如《道德經》上老子說的：「法令滋彰，盜賊多有。」一個社會法令越多，犯法的人越多，法令規定越繁，空隙漏洞毛病愈大，歷史上秦始皇的法令那麼嚴密，還是有人起來革命。漢高祖一打進咸陽，把秦始皇的法令全部廢了，約法三章，只有三項法令：殺人者死，傷人及盜抵罪。很簡單的三條，老百姓就服了他，所以賈誼也說，法令越嚴密，犯法的人也越多起來，有的人要做壞事之前，先去找法令的漏洞做根據，做出來的壞事就變成合法的，法律不能制裁他。法規定了，有時反而容易作假，真正會犯法的人，都是懂法的，法令對這種人毫無辦法，這就是乖分。

刑賞的流弊

「刑者，所以威不服，亦所以生凌暴。——反刑也。」

刑與法不同，刑是殺人，或拘留人，是處罰人，給人精神上、肉體上一種痛苦的處罰。這是以刑樹威、遏阻那些不守法的人，但是執行的人，會濫用刑法來欺負別人，有時好人也會受到刑法懲罰的痛苦，這便是刑的反作用。

「賞者，所以勸忠能，亦所以生鄙爭。——反賞也。」

有功獎勵，本來是好事，但獎勵也會產生卑鄙的競爭。得獎的人，與沒有得獎的人，常常會爭功，爭賞，而爭得很鄙俗，所以行賞也有好有壞。

學識的流弊

「文子曰：聖人其作書也，以領理百事，愚者以不忘，智者以記事，及其衰也，為奸偽，以解有罪而殺不幸。——反書也。文子曰：察於刀筆之跡者，即不知理亂之本。習於行陣之事者，即不知廟勝之權。莊子曰：儒以詩禮發冢，大儒曰：東方作矣！事之何若？小儒曰：未解裙襦，口中有珠。《詩》固有之曰：青青之麥，生於陵陂，生不布施，死何含珠，為接其鬢，壓其顪（音許穢反），儒以金椎控其頤，徐別其頰，無傷口中珠。由此言之音，詩禮乃盜資也。」

一字可以罪人

文子說，上古時的人，造了文字，有了知識，為什麼作了書，要教人懂得文字？文字教育的目的，是使人有知識、懂事。使笨的人思想能夠開發，不要忘記過去的錯誤，聰明的人知識學問高了以後，能夠懂事。可是相反的，等到知識越廣博，作奸犯科，作假的本事也越大，懂了文字，有了知識以後，犯法的也許就是這些人，而且有理論，講得出道理來，有罪的人他可以說成沒有罪，好人可就受害了。最著名的，如清代小說中的四大惡訟師，以一個字之差，就可以變更一個人有罪或無罪。由此可見一個當公務員的，手裏玩筆桿的，有時候真厲害，真可怕，儘管現代是新式公文，還是要小心，不能隨便用字，有時候一個字的關係都非常大。老一輩的人常說「一字入公門，九牛拖不出。」可見其嚴重，這就是文字效用相反的效果。

文子更進一步說，有些人作幕僚出身，專門在文字上挑剔的，筆比刀還厲害。在公文上是完全辦對了，也符合法令，可是這件公文出門以後，會造成社會的紊亂，會使人造反。所以會辦公文的人，不一定懂得政治，等於學軍事會打仗的人，不知道國家的整個政策和戰略一樣，所以「察於刀筆之跡者，即不知理亂之本；習於行陣之事者，即不知廟勝之權。」這兩句話是名言，要特別注意的。

盜竊死人以自豪

下面是舉的一個很有趣的例了，又舉出莊子來了，莊子是很會挖苦人的，這個故事記載在《莊子》的〈雜篇〉裏面，這個故事很妙，他說讀書人沒有一個好人，都是在挖開死人的墳墓，偷死人的東西據為己有，包括我們自己在內，都是把死人墳墓裏的東西挖來，當成自己的，在這裏吹。這個故事說，老師帶了學生，去挖前輩一個讀書人的墳墓，挖了一整夜了，老師站在旁邊問道：天都快要亮了，你挖得怎樣，拿到了東西沒有？學生說：已經挖開了，看見了死人，不過不好意思脫他身上的衣服，可是他的嘴裏含著一顆寶珠，這顆寶珠一定要挖出來才行（我們今天所講的，都是古人吐出的口水，我們將這些殘餘的唾沫拿來，加一點化學作用，就變成自己的學識在這裏吹，這就叫作學問，也就是莊子所說死人口裏的寶珠）。老師一聽見學生說死人嘴裏有珠，就說這有道理，古人說的，綠油油的麥子，要生長在曠野的山坡上，人生也要在活著的時候，顯現出現實的美麗來，可是墳墓裏的這個傢伙，生前那麼慳吝，向他請教他都不說，死了嘴裏卻還含了一顆寶珠，快把他的珠子拿來！可是，小子得小心的偷，你先把他的頭髮抓住，壓開他下巴的兩邊，然後用鐵釘撐開他的嘴。慢慢張開他的牙關，他的屍骸骨頭弄壞了沒有關係，可是他嘴裏那顆寶珠，千萬要小心拿來，不可毀損。

這是莊子在罵人。試看各種文章，裏面「孔子曰」就把孔子嘴裏的珠掏出來了，「柏拉圖說」就把柏拉圖嘴裏的珠掏出來了，都是偷死人嘴裏的珠寶。讀書人都是這樣教學生，這樣說起來，知識毫無用處，越有知識的人，越會作小偷。還有，自己有一肚子好學問，著一本書，流傳千古，還不是又被後代的人偷去。沒有學問還沒有人來偷，如果嘴裏含一顆珠寶，死了以後，棺材還被人挖出來。暴君就專搞這一套。

這故事把天下讀書人都罵盡了，但是也使我們懂了一個人生的道理——一切的努力，都是為別人作準備。

福利社會的事

「其作囿也，以奉宗廟之具，簡士卒，戒不虞。及其衰也，馳騁弋獵，以奪人時。——反囿也。齊宣王見文王囿大，人以為小，問於孟子。孟子曰：周文王之囿，方七十里，芻蕘者往焉，雉兔者往焉，與人同之，民以為小，不亦宜乎？臣聞郊關之內，有囿方四十里，殺其麋鹿者，如殺人之罪，民以為大，不亦宜乎？楚靈為章華之臺，伍舉諫曰：夫先王之為臺榭也，榭不過講軍實，臺不過望氛祥，其所不奪穡地，其為不匱財用，其事不煩官業，其日不妨事務，夫為臺榭，將以教人利也，不聞其以匱乏也。」

中國古代的囿，是帝王宮廷所造的大花園。造囿的第一個宗旨，奉宗廟社稷，把祖宗的牌位擺在裏面，作為國家的象徵。另外一個宗旨，是「簡士卒」訓練部隊，以戒備國家的不時之虞，防止隨時隨地意想不到的變亂事故。這本來是好的。可是國家到了鼎盛的時候，這種戒備的心理鬆弛了，失去了警覺性，練兵的操場，變成了運動場，最後還被敵人佔領去了。這就是造囿的反效果，所以天下事都有正的一面和反的一面。

孟子講故事

在歷史上也有囿的故事，齊宣王看見以前文王的囿大，可是一般人還以為太小了，就問孟子這是什麼道理？這一段讀過《孟子》的都知道。中國上古周朝的時代，雖然是皇帝的專制政體，他修的囿，是與民同樂的公園，到春秋戰國以後，就沒有公園了，變成皇帝私人玩賞的地方。我們中國現在的公園興起，老實說是近百年來受了西方文化的影響，而歷史上我國在周代以前的文化，本來就有公園。所以孟子告訴齊宣王，造公園與民同樂，同利益，大家自然會認為方圓七十里的公園還太小了。他同時對齊宣王說，聽說你修的囿，方圓只有四十里，裏面養了許多動物，小羊、小鹿之類，如果老百姓打獵殺了小鹿，你就要把打獵的人抓來，如同懲罰殺人犯一樣抵罪。所以老百姓會討厭，因為你只是私人的享受，何必修那麼大的花園。

楚靈王的故事

另一個歷史故事，楚國的靈王修章華臺，伍子胥的父親伍舉反對，他對楚靈王提出意見說，照中國文化的道理，我們的大建築，修建大廣場，是講軍事，為訓練部隊用，建築高臺是研究天文用的。可是儘管國家需要這樣大的建築，還是有四個條件，就是第一不能佔用老百姓用來種田的土地，第二這項建築的經費，不傷害到國家的財政，第三對於工程，僱用老百姓來做，並不妨礙到公私的事情，第四在時間上，絕不在農忙的期間動工。所以一個國家偉大的建築，是教人有利於社會，這樣國家進行的偉大建築，就不會發生國家財政上有所匱乏的問題了。

我們現代是以民主政治為基礎，尤其近幾十年來的政治觀念，當然到了最進步的時候，而在古帝王時代，就有這許多毛病，這都是討論古代政府在建築方面的反效果。給予我們歷史教訓的經驗。

尚賢的流弊

「其上賢也，以平教化，正獄訟，賢者在位，能者在職，澤施於下，萬人懷德。至於衰也，朋黨比周，各推其與，廢公趨私，外內相舉，奸人在位，賢者隱處。——反賢也。太公謂文王曰：君好聽世俗之所舉者，或以非賢為賢，或以非智為智，君以世俗之所舉者為賢智，以世俗之所毀者為不肖，則多黨者進，少黨者退，是以群邪比周而蔽賢，是以世亂愈甚。文王曰：舉賢奈何？太公曰：將相分職，而君以官舉人，案名察實，選才考能，則得賢之道。古語曰：重朋黨則蔽主，爭名利則害友，務欲速則失德也。」

賢人政治與黨禍

在諸子百家中，墨子主張賢人的政治，墨子「尚賢」、「尚同」，是他主要的思想。歷史上的政治哲學思想，都是聖賢的政治哲學。現在這裏的反賢，並不是反對聖賢政治，而是說太過分了，太偏重了。就會出問題。正如孔子說的「矯枉過正」，矯枉到超過了正的分寸，又是偏了，尚賢也是一樣，原文「上賢」的「上」與「尚」通，就是重視的意思。在尚賢政治好的一面，是平教化。社會的教育文化到最高的水準，社會安定，沒有犯罪的人，所以「賢者在位，能者在職」，這是中國政治的大原則，最終的結果，就是「澤施於下，萬人懷德」八個字，使全民得到這種政治所產生的福利。而在另一面，光講賢人在職，賢能與不賢能的人；好人或不好的人，很難分別，如果走偏了，好人與壞人往往也會結成一黨，比如歷史上很有名的黨禍，在漢、宋兩代都很嚴重，宋代乃至有一度立了黨人碑，連司馬光、蘇軾，這一班歷史上公認為正人君子的，都列名在黨人碑上，幾乎要殺頭坐牢的！而我們現代從歷史上來看宋代的黨禍，雙方都不是壞人，這兩派都是好人。另外一派的領袖王安石，歷史上說他如何如何壞，其實也說不出他什麼壞的事實，只是說他的政策不對，當時實行得不對，但是我們政治上的許多東西，如保甲鄰里制度，就是他當時的這一套制度，他的收稅原則也沒有錯。王安石本人，既不貪污，又不枉法，自己穿件衣服都是破的，蝨子都在領口上爬，爬到衣領上去，被宋神宗看見，都笑了。三餐吃飯，都只吃面前的一盤，一則是因為近視，看不見對面的菜，更重要的是從來不求美食，對於物質的生活，沒有什麼過分的需求。可是在宋代他形成了那麼大的朋黨，只是政治意見不相投，而成為很嚴重的問題。朋黨則比周，同一政治意見的人，會互相包庇，每人都推薦自己信任的朋友，拉自己的關係，結果就廢公趨私，變成一個大私的集團，內外挾制，而被壞人利用這個團體，把好人當招牌，安安穩穩坐在上面，替壞人作了傀儡。這就成了賢人政治的反面。

姜太公論派系問題

接下來並引用姜太公對文王的建議，作為這個道理的申論，姜太公告訴周文王，如果完全聽信社會上一般人的推舉，社會上都說某甲好，但社會的這種輿論，不一定有標準，因為群眾有時候是盲從的（古代是如此，現在用在民主政治，更要注意）。有時候非賢為賢，並不是真正賢人，因為社會關係多，製造他變成一個賢人的樣子，乃至於並不是大智大才的人，也會被社會製造成智者的樣子。如果根據社會上這種輿論，領導人便公認這樣就是了不起的人，以為就是賢人，就有問題。相反的，對於世俗一般人認為不對的，也跟著大家認為這人就是不對的話，那麼擁有多數群眾的就能進身，群眾少的就會被斥退。於是一班壞人可利用這種機會，彼此結合，遮蔽了賢者之路。因此世亂愈來愈甚了。這也就是說，無論古今中外，人相處在一起，自然就會結黨，派系就出來，所以姜太公提出這個意見。

文王問他：我專用賢人，這就好了吧？姜太公答覆文王：作領導人的要公平，人與人之間，兩三個人在一起，派系就出來了，所以不能怪他有派系。人的社會就是如此，主要在於領導人的公平，將與相，文的武的，制度職務處分得好，在職務上，為政治的需要而找人才。「以官舉人」這句話不要輕易放過，看懂了人事，再回過頭來看歷史，幾十年前出來做事的，哪有現在的困難？那時有什麼考試？只要找到關係，寫一封介紹信，沒有缺額，也因人而設官。而政治上軌道的時代，則以官舉人，真需要人辦事，職務確定了，才找適當的人才，絕不因人情的關係，而另外設一個官，要規規矩矩，不可以亂來。我們看周代八百年初期的政治，確是「案名察實」，腳踏實地，用人絕不講人情，選他的才幹，考察能力，所以這裏的「賢」是實用的人才，稍有不同於四書中，孔孟所講的賢人，這裏的賢包括才、能、品格在內。這樣才是獲得有才能，好品格人才的方法，最後引用三句古語：「重朋黨則蔽主，爭名利則害友，務欲速則失德。」這三句話是中國文化的精神，小自個人的修養，大至政治的修養，都要特別注意。一個時代，如果派系傾軋，只以小圈子利益為主，互相朋黨，則蒙蔽了領導人，重視了權力、地位的名義和利益，有時就會傷天害理，害了好朋友。萬事不可求速效，辦一件事若要馬上得到效果，為了趕成績，就傷害到別人，傷害到職務，乃至擴大傷害到國家社會，就出了大毛病。

不能善用所長的五反

「《韓詩外傳》曰：夫士有五反，有勢尊貴不以愛人行義理，而反以暴傲。——反貴也。古語曰：富能富人者，欲貧不可得；貴能貴人者，欲賤不可得；達能達人者，欲窮不可得。梅福曰：存人所以自立也；壅人所以自塞也。

家富厚不以振窮救不足，而反以侈靡無度。——反富也。

資勇悍不以衛上攻戰，而反以侵凌私鬭。——反勇也。凡將帥輕去就者，不可使鎮邊，使仁德守之則安矣。

心智惠不以端計教，而反以事奸飾非。——反智惠也。《說苑》曰：君子之權謀正，小人之權謀邪。

貌美好不以統朝莅人，而反以蠱女從欲。——反貌也。此五者，所謂士失其美質。」

這裏是講士的五反，古代的所謂士，以現在來勉強解釋，包括了一切知識分子，不過一說知識分子，很容易誤為限於讀書人，其實不然，無論文的武的都稱為士。

這裏提到古書的《韓詩外傳》裏一段文章：一個人有五反，貴、富、勇、智、貌等五種相反的一面。

有些人，有了勢力，地位高了，譬如一個人窮小子出身，到了尊貴的時候，本來應愛護別人，愛護朋友，但是他反而不愛護別人，也不愛護朋友，而且做事不照義理，反而驕傲起來，脾氣也暴躁起來，這是反貴——第一反，就是說人誰有把握永遠不變的？看別人，看歷史，看社會，乃至看自己，都沒有把握不變。現在自己可憐兮兮的，還很自我欣賞，說不定到達了某一個位置，觀念就整個變了。所以要在富貴功名，或貧窮下賤，飢寒困苦都永遠不變，保持一貫精神的做法，是很難做到的。但有勢尊貴以後，反轉來不愛人，不行義理，反而變得暴傲，這就是貴的反面。

這裏又引用中國古人的老話，「富能富人者，欲貧不可得」等三句，乍看之下，好像不可能，但從經驗中體會，事實就是如此。有錢的人，在有錢人的圈子裏，朋友們就能使他越有錢，到了錢很多時，自己想窮一點都做不到。一般人想，錢越多越好，有誰會希望自己窮的，這就要看個人的人生經驗了。人到了有錢、有地位時，若想下來一點，卻做不到。有些人運氣好，追隨到一個了不起的人，一步步富貴上去，想下來作一個老百姓卻不可得，能夠幫忙別人發達，提拔別人的人，自己想退休不幹，也辦不到。所以梅福說（梅福是漢朝人，後來成了神仙，寧波四明山，就是梅福歸隱成仙的地方）：幫忙人家，結果還是幫忙了自己，阻別人路的人，最後還是把自己的路塞了。

這一段話，仔細去思想，多處去體會就發現意義很深，把前面的古語和梅福的話，對照起來，就可以瞭解。這些話，並不像其他的書標榜因果的道理，而只是說人的心地要忠厚。

第二個是富的反面。本來，一個人有了錢財，應該幫助人家，幫助親戚朋友，乃至整個社會的貧人。可是，有的富厚之家，不但沒有幫助別人、做社會福利、公益事業，反而因家庭的富厚，奢侈無度，這是富的不好，因此有時富貴反而害了人。

第三是武勇的反面。有的人，勇敢彪悍，應該可作軍人，保衛國家，而結果走錯了路，如現代青年，當太保流氓，好勇鬥狠去欺負人，成為私鬥，這是勇的反面。勇是了不起，但有勇的人，走偏了路，就變成大太保，乃至當強盜土匪。所以領導的人，對於勇的人才處理，國家社會該怎樣培養他，要很恰當。但是在政治上軌道的時候，如果「將帥輕去就者，不可使鎮邊」。我們再去讀歷史，常常看到某一將領在前方，做得非常好，突然會把他調回來，當然，也有的調錯了，乃至因而亡國的。可是從這種出了問題的歷史例子中，就看得出來，如果調得平安的，就看不出來。如明朝末年，熊廷弼鎮守東北，把滿洲人擋住了，最後皇帝被奸臣蒙蔽利用，把熊廷弼調回來，乃至論死。假如說皇帝混蛋，本來他在宮廷裏長大，對外面事不全懂，實在就無話可說了。但這些職業皇帝也蠻聰明的，他從左右大臣那裏聽來的理論，比我們書本上得來的多，公文比我們看得多，他明知道不必要，可是硬把前方幹得好好的將領調回來，也自有他的道理，因為犯了他內心上的妒忌。我們就看現代歷史，麥克阿瑟在韓戰期間，準備進兵到鴨綠江的時候，美國政府馬上把他調回去了。這就是將帥輕去就，麥克阿瑟是要打了再說，美國政府則只想保持現狀，不敢鬧事，怕鬧出事來吃不消，所以調他回去，另外換人，換什麼人？「使仁德守之則安矣！」換一個大度雍容，很厚道不會出事的，只坐在邊疆不要打起來就好了。讀了這一段，再一想歐美各國的作風，都有他的道理。在我們看來，他們的這種做法全錯了，但不要忘了，我們是站在我們的立場去批評，就我們目前的觀點而言。而在他們自私的立場，戰爭對他有什麼現實的好處？他為什麼要打仗？或者說他這樣姑息養奸，將來還是要亂的，可是那是將來下一代的事，他只希望他這一代不亂，安於現實就好了。

由這裏知道，書本上的道理到底對或不對，很難評斷，同一個道理，同一個原則，用對了就有益，用錯了就有害，所以知識這個東西，也是靠不住的，在乎個人的運用。

第四是智惠（惠通慧）的反面。聰明才智的人，心思靈敏，很有智慧，用之於正，對社會有貢獻，而相反的就是奸、做作，這是智慧的反面，所以在《說苑》這部書上說，「君子之權謀正，小人之權謀邪。」權謀就是手段，手段本身並不是壞的名辭，聖賢講道德，道德也不過是一個手段，仁義也是一個手段，這並不是壞的，正人用手段，手段就正，在乎動機，存心正手段就正，存心邪門的人，即使用仁義道德好的手段也是邪。

第五是美貌的反面，用人先看相貌好不好，態度好不好，古今都是如此，距離我們比較近的清朝幾百年歷史，尤其晚清，有一個人一臉痲子，考取了進士，最後廷試，要跟皇帝見一面的時候，本來是狀元，結果因為是痲子，而換了別人。風度好，相貌好，也是件好事，並不是壞事，去作外交官或政治上需要講究儀表的人物，本來很妥當，如果利用自己的美貌去搞男女關係，去縱慾，這就是貌的反面。

總括說這五個條件，一個人夠稱得上士，具備了某一個條件，但是不能善用其所長，反而把優越的條件變成所短而弄成反面的，還是很多，這就失去了士的原本素質了。

姜太公論三明

「太公曰：明罰則人畏懾，人畏懾則變故出。——反明罰也。明察則人擾，人擾則人徙，人徙則不安其處，易以成變。——反明察也。太公曰：明賞則不足，不足則怨長，明王理人，不知所好，而知所惡；不知所歸，而知所去，使人各安其所生，而天下靜矣。晉劉頌曰：凡監司欲舉大而略小何則？夫細過微闕，謬忘之失，此人情所必有，固不許在不犯之地，而悉糾以法，則朝野無立人，此所謂以治而亂也。」

這是引用姜太公的話，就明罰、明察、明賞等三明的反面而談治亂。明罰，是說刑罰，管理得太嚴，動不動就罰。現在中共的政治，對明察、明罰的大毛病，他都犯了。罰得嚴厲，大家都怕，但不要以為怕就可以嚇住人，《老子》就提過這個原則：「民不畏死，奈何以死懼之。」人到了某一個時候，並不怕死的，所以過分使人怕，反而容易出毛病，容易發生變亂。

明察，凡事都對人看得很清楚，調查得很清楚。這就使人感覺到被擾亂、受干涉，為了避免干涉，於是逃避遷走了，不安其處，也容易形成社會的變亂，所以明察也有反的一面效果，因此中國的政治，過去總講厚道，要包容一點。

明賞，動不動就獎勵，這樣好不好？獎勵過頭了也不好，人的欲望不會滿足的，愈來愈不滿足，一不滿足就會發生怨恨了，最後便變成仇敵了。

所以真正懂得道理的，對於幹部的統率管理，能夠做到沒有好惡，過太平日子，達到平安兩個字的境界，才是真正的太平。

換句話說，〈反經〉告訴我們，任何一個辦法，正反兩端，有如天秤一樣，只要有一端高一點，另一端就低一點，不能平衡，問題就出來了。

最後引用晉朝名臣劉頌的話作這五個反面的結論。劉頌說：政府中負有監督責任的人，為什麼只注意大的地方，而對於一些小的地方不去注意，因為每個人小的過錯，偶然的缺點，或者忘記事情，這是人的常情，在所難免的，這不能算是犯了法，不應該將這類事情，列在不可違反的範圍，而糾正處罰他，否則的話，政府機構和社會上，就不會有一個稱得上標準的人了。這樣苛刻的要求，就算不上是清明的政治，因為要求得太過分，反而造成了亂源。在一個單位中，領導的人，自己做到清廉，自己沒有嗜好，是可以的，但要求部下，每個人都和自己一樣，這就不行了，這就是「以治而亂」了。

專權與嫉妒

「晏子曰：臣專其君，謂之不忠，子專其父，謂之不孝，妻專其夫，謂之嫉妬。——反忠孝也。《呂氏春秋》曰：夫陰陽之和，不長一類，甘露時雨，不私一物，萬人之主，不阿一人。申子曰：一婦擅夫，眾婦皆亂，一臣專君，群臣皆蔽。故妬妻不難破家也，而亂臣不難破國也，是以明君使其臣，並進輻輳，莫得專君焉。」

忠臣孝子，這是最了不起的人格標準，但也不能過分，過分就是毛病。所以齊國的名相晏嬰，這位了不起的人物曾經說過，一個好的幹部，固然對主管要忠心，可是忠心太過就變成專權了。就是說一切都要經過這一個幹部，容易形成這個幹部的專權，那就太過分了。兩三個兄弟，都要當孝子，其中一個要特別孝，那麼下面的弟弟都被比下去了，這也是不孝。古代多妻制的時候，有幾個太太，其中一個獨擅專房，不能容納別人，這就是妒忌。因此忠、孝等，過分了也不好，也有反效果。所以呂不韋的《呂氏春秋》（呂不韋這位秦始皇的父親，原來是做生意的，後來把人家的國家都換給自己兒子，這是生意做得最大的了。他編了一本書《呂氏春秋》，實際上不是他自己作的，是他的智囊團們，把中國文化中雜家的學問都收集編著的，書成以後公布，有誰能更改其中的一個字而改得更好的，就賞千金，公布了幾個月，也沒有人去改一個字，這固然是呂不韋的地位太高了，大家不敢去改，而事實上這部書是有內容，我主張大家要讀的，它也是中國雜家之學的大成。雜家可不一定是壞的，正的反的，好的壞的，包羅萬象，叫作雜學）書中說，宇宙萬物滋生靠陰陽，它生長了高麗參可以補人，也生長了毒草可以害人，並不偏向只生長一類。天下雨，需要水的地方也下，不需要水的地方也下，公道得很，這就是天地無私。人要效法天地。所以當領袖的人，萬民之主，不能為了一個人而偏私。申子（戰國時韓國人，名不害，學本於黃老而主刑名，著書二篇，號申子，為法家之祖）也說，一個女人佔了丈夫，在多妻制的時代，其他的太太，一定發生搗亂的行為，家庭如此，國家也如此，一個臣子專君了，其他所有的大臣、幹部都被遮蓋了，所以專寵的太太，很容易破家，而亂臣容易破國。所以一個高明的領導人，對於部下，不只偏愛一人，偏聽一個人的意見，也不專權任用一個人，凡事大家一起來，像古代車輪的支桿，一起都動，於是就不會有專君的現象了。

文武兼資論

「韓子曰：儒者以文亂法，俠者以武犯禁。——反文武也。曹公曰：恃武者滅，恃文者亡，夫差偃王是也。吳子曰：昔承桑氏之君，修德廢武，以滅其國，有扈之君，恃衆好勇，以喪社稷，明主鑒茲，必內修文德，外治武訓，故臨敵而不進，無逮於恭。僵尸而哀之，無及於仁矣。鈐經曰：文中多武，可以輔主，武中多文，可以匡君，文武兼備，可任軍事，文武兼闕，不可征伐。」

這裏引用韓非子的話，我們知道韓非子是法家，他以法家的立場，以法家的觀點，認為儒家、道家以及其他各家，對社會人群，都沒有貢獻，一定要法治的社會才對，所以他有這兩句名言，「儒者以文亂法，俠者以武犯禁。」知識分子，讀書人（儒在這裏不是專指儒家）學問又好，又會寫文章，文章寫多了，思想也多了，能言善道，很會辯論，於是以文學知識，擾亂了法令。講俠義的人，動輒老子拳頭大，用武勇把不平的事壓平了，所以重武俠的人，專門破壞了法令，因之法家看起來，文武兩方面都不對，都是不守法，這也是反文反武的一面之辭。

這裏引用幾個人的話，曹操說：一個國家，專門依靠武力的，最後弄到自己亡國滅種，看到現代史上，二次大戰，當年的德國、日本，都是「恃武者滅」。專門好文的，最後也是亡國，不注重軍事國防，如吳王夫差，徐國的偃王，都是只提倡文化，不注重國防的，而最後敗亡，這是「恃文者亡」。吳起的兵法上所以說，上古時候承桑氏這個國家的皇帝，治理國政，專門講道德，廢棄了武功，結果是亡國。又如夏朝的有扈，則專門講究武功，好勇，結果也是亡國。因此文武兩事不能偏廢，高明的領導人，看到了這個道理，就一定以「內修文德，外治武訓」八個字作政治的最高原則。軍事國防是不能缺少的，文化是國內的政治中心，對外要注重國防，隨時準備作戰，敵人不敢打進來，自己端恭而作，非常清明，供奉殉國的忠烈；激勵人民有尚武的精神，也不損害於仁德。

《鈐經》（即《素書》，又名《玉鈐經》）的話，「文武兼備」，不但國家如此，個人也是一樣，中外歷史上，真正的大將，都是文武兼備，光有武功而不懂文的，只是戰將，不是大將。文武兼闕的，也就是文武都不夠的，不可征伐，不能作大將。

倡廉的流弊

「子路拯溺而受牛謝，孔子曰：魯國必好救人於患也。子貢贖人而不受金於府。（魯國之法，贖人於他國者，受金於府也。）孔子曰：魯國不復贖人矣。子路受而勸德，子貢讓而止善。由此觀之，廉有所在而不可公行。——反廉也。匡衡云：孔子曰：能以禮讓為國乎？何有？朝廷者，天下之楨幹也，公卿大夫相與修禮恭讓，則人不爭；好仁樂施，則下不暴；上義高節，則人興行；寬柔惠和，則眾相愛。此四者，明王之所以不嚴而化成也。何者？朝有變色之言，則下有爭鬥之患；上有自專之士，則下有不讓之人；上有克勝之佐，則下有傷害之心；上有好利之臣，則下有盜竊之人，此其本也。」

人與牛的故事

這與廉潔或貪污有關，廉與不廉，這中間很難分辨，這裏就舉中國文化的歷史故事：孔子的學生子路，有一次救了一個落水的人生命，這個落水的人，是一個獨子，他家裏非常感謝，謝了他一條牛。子路非常高興接受了這條牛，大概殺來燉牛肉給老師吃（一笑），而孔子對於這件事獎勵子路，說子路做得對，這個風氣提倡得好，將來魯國的人，都願意救人了，救了人有牛肉吃，這樣很好嘛！子貢比子路有錢，當然，子貢的個性也不同，依魯國的法令，當時的奴隸制度，贖人回去，奴主應該收贖金的，可是子貢不收贖金，孔子責備子貢做得不對。這兩件事，子路收了別人的紅包，孔子說他收得對，提倡好的風氣是勸德，而子貢這樣做應該也沒有錯，他謙讓嘛，自己有錢，不收人家的錢。可是這樣一來，就使別人不敢隨便贖人了，所以有時候做好事很難。由這個道理看起來，人應該廉潔，不苟取，一點都不要，這是對的，當然，不可以提倡貪污，不過有些時候，像子貢的不受金於府，也不可以公然做出來，不然就會收到廉而過潔的反效果。

匡衡論政風

漢朝的匡衡（匡衡上疏是歷史上有名的故事，漢元帝是非常英明的皇帝，而匡衡一個年輕的讀書人，當時提了好幾個報告，指出漢元帝這樣不對，那樣不對，這要更改，那要更改，漢元帝非常重視）就說：孔子說過以禮讓治國很難得。孔子所以這樣說，是因為中央政府，是天下的中心，對下面的風氣，有很重大的影響作用，如果在中央政府中的重要幹部，彼此之間都很禮貌，很有風度，影響到下面的社會，就不會彼此紛爭；上面的人好仁樂施，下面的人就不會粗暴犯上；上面的人提倡節義，有高度的節操，下面的社會風氣，則會跟著好轉過來；上面寬厚柔和，下面彼此就有愛心。這四點，就是英明的領導人用不著以威嚴來下命令，而以自己的行為，使政治風氣好轉，下面就自然會受到感化。什麼理由呢？因為在中央政府中的大臣們，如果意見不同，講話時吵得臉紅，於是影響到下面，就發展為打架了。上面的人如果喜歡獨斷獨行，影響到下面的人一點都不謙讓。上面如果有克勝爭功的風氣，下面的人就會產生傷害別人的心理，上面的人好利，到了下面就變成偷了。這是說上位者的作風，就是政治風氣的根本。

忠孝的流弊

「慎子曰：忠未足以救亂代，而適足以重非，何以識其然耶？曰：父有良子而舜放瞽瞍，桀有忠臣而過盈天下，然則孝子不生慈父之家（六親不和有孝慈），而忠臣不生聖君之下（國家昏亂有忠臣）。故明主之使其臣也，忠不得過職，而職不得過官。——反忠也。京房論議，與石顯有隙，及京房被黜為魏郡太守，憂懼上書曰：臣弟子姚平謂臣曰：房可謂小忠，未可謂大忠，何者？昔秦時，趙高用事，有正先者，非刺高而死，高威自此成，秦之亂，正先趣之。今臣得出守郡，唯陛下毋使臣當正先之死，為姚平所笑。由此而觀之，夫正先之所謂忠，乃促秦禍，忠何益哉？」

更上一層樓的道理

慎到是戰國時一位道家的人物，這裏是他論忠的一段話，忠孝過分了就是毛病。他說：任何一個時代，並不希望出一兩個特別的忠臣，標榜忠臣果然是對的，但我曾說過，少講文天祥這班忠臣，聽了令人洩氣。文天祥並沒有錯，應該標榜，但是要大家都作文天祥，對嗎？文天祥那個時代是沒有結果的啊！我們為什麼不提倡漢朝、唐朝、宋朝、明朝開國時候的那些大臣呢？我們只是欣賞忠臣，可不想忠臣的那個時代背景如何？那個背景是很慘痛的。所以慎子說：忠臣並不能救亂世，這個道理在哪裏？如堯、舜、禹三代，是了不起的聖人，而舜的父母都很壞，可不能認定這一對老頭子、老太婆絕不會生好兒子，他們生了一個聖賢的兒子——舜。堯是聖人，但他的兒子很壞。桀是夏朝最壞的皇帝，他下面有不少忠臣，而他在歷史上的過錯卻是那麼大，所以孝子不生慈父之家，家庭好了，父慈子孝，哪裏會特別顯出孝行來呢？老子說的「**六親不和有孝慈**」，家庭有了變故的，才顯示出孩子的孝行米，我們可不希望家庭有問題。再看國家，岳飛是了不起的忠臣，可是我們並不希望有岳飛那樣忠臣的結果。岳飛如果生在好的時代，處在好的領導人，好的同事之間，不過是一個堅貞的大臣而已，老子說「國家昏亂有忠臣」，我們只希望有岳飛這樣一個堅貞的人臣，可不希望國家昏亂。

一個單位有好幹部，也是因為有壞幹部比較，才顯示出來的。因此，一個英明的領導人懂了這個道理，他領導部下，要求部下，忠是要忠，可是要在職務範圍以內盡忠，不要超過職務範圍以外。講到這裏，就得引述歷史的例子來作證明了：大家都知道岳飛是忠臣，岳飛的冤枉那還了得，其實秦檜也未嘗沒有冤枉，雖然岳飛是秦檜害死的，而事實上秦檜也是奉命承旨才這麼做的。因為宋高宗已經對岳飛不滿，岳飛犯的錯誤就是忠過職了，第一他的口號，「直搗黃龍，迎回二聖。」試想高宗對這口號是什麼味道？直搗黃龍可以，但是要把二聖接回來，高宗這個皇帝還幹不幹呢？岳飛直搗黃龍就好了，迎不迎二聖，是趙家的家務事，就不必去提了。第二個錯誤，岳飛在前方當統帥，硬要干涉皇帝的家務事，勸高宗趕快立定太子，岳飛這些建議真是忠，完全是好意，可是超過了他的職權，使高宗受不了。所以忠不得過職，而有所建議也不要超過職權的範圍以外，不要干涉到別的事。這是過忠的反面。

京房的故事

接下來再舉出歷史的故事來引證這道理。我們研究歷史，可不是大學裏歷史系的方向。這裏是套了三段。第一是漢朝京房這個人。第二是引用趙高的故事。第三是京房假託學生的話。京房他也是漢朝一個了不起的人，後世研究《易經》的專家，還沒有能超過他的，他是易學象數的大師，他博通《易經》，但最後是被害而死的。京房學《易經》的老師是焦贛（延壽），是漢易的大師，也是有前知之能的，京房跟他學《易經》的時候，焦贛就斷定了京房這位學生喜歡談論先知，將來會不得好死的，所謂「先知者不祥」。有些人不想求先知，算命、看相、卜筮這些都是先知，能先知的人都不太好。

石顯也是漢朝有名的大臣，他和京房兩人在中央政府，政見不同，互相有嫌隙。後來京房垮了，下放出來到外面——魏郡作官，離開中央政府，而石顯還在中央，這一下京房害怕了（由這句話，就可知京房的《易經》還沒有學通，如果學通了《易經》，對於處功名富貴，處患難之間，還會那麼憂愁，那麼學《易經》還有什麼用？這個修養就不夠了，表示他的《易經》還是沒有真正的學通），就上書給皇帝說，我的學生姚平對我說，我只是對你小忠，還說不上是大忠。他說，這是什麼道理呢？以前秦始皇的時候，趙高用事，有一個名正先的人，反對趙高，而被趙高殺了，從此趙高在政治上的威信建立起來了，而秦二世到後來的亂，也可以說是由正先所促成的。這個話講得多深刻，換言之：秦二世的時候，趙高想要造成自己的政治勢力，被正先看出來了，想在趙高在政治上的力量沒有形成的時候，揭發他的陰謀，可是趙高殺了正先，反而促使趙高建立了政治上的權威，而形成了政治的派系。所以秦之亂，實際上等於正先所促成的，而現在我京房，奉你的命令出來作地方官，希望你不要聽左右的人亂講，把我當正先一樣殺掉了，那樣，我的學生還會笑我。（京房這些話說得多窩囊，讀歷史讀到這些地方，不免掩卷一嘆，人為什麼把作官看得那麼重要?!）這一段的結語說，由京房所引正先的這個故事看起來，正先揭發了趙高的陰謀，這是對秦始皇的忠了，可是這忠的結果，是自己被殺了，而促成了趙高建立起政治上的黨羽和權力。那麼愚忠有什麼益處？相反的結果更壞。〈反經〉就是告訴我們，做任何一件事情，要注意到反面的結果，作人也好，做事也好，尤其是政治上，事先就須要注意到反面的流弊。

莊子的著作權被盜

「莊子曰：將為胠篋探囊發匱之盜，為之守備，則必攝緘縢，固扃鐍。此代俗之所謂智也。然而巨盜至則負匱揭篋，擔囊而趨，唯恐緘縢扃鐍之不固也。然則向之所謂智者，有不為盜積者乎？——反智也，孫子曰：小敵之堅，大敵之擒也。」

上面這段書，是莊子的話，或是鬼谷子的話，很難確定，但早已見於《莊子．外篇》。這一章一般人是避免講的，但是人人都知道。歷史上懂得權謀的人，沒有不知道的，反派的人知道，正派的人也知道，誰都不肯明說。也不大肯講授。

《莊子》分〈內篇〉〈外篇〉〈雜篇〉。〈內篇〉是講道，講修道的。中國的道家很妙，軍事學謀略學等，都出在道家。雖然〈內篇〉是講道，連帶也說到外用，中國文化所謂「內聖外王」之學，外王就是講外用，其實這個名辭不是儒家的，而是出自《莊子》的觀念。我認為中國一般大儒家表面上是講孔孟之學，實際上骨子裏都是道家的思想，外面披了一件孔孟的外衣，但是絕不承認。一般人之不大肯講授《莊子》，和不願意講授《長短經》一樣，學的人如果觀念弄錯了，就可能學得很壞，本身是教人走正路，可是揭開了反的一面給人知道。如現代李宗吾的《厚黑學》，目的是教人不要厚臉皮，不要黑良心，殊不知看了《厚黑學》的人，卻學會了厚黑，變成了厚黑的人，那就很糟了。《莊子》這部書也是這樣。

這裏引用《莊子》的話，但據別本《長短經》資料，是鬼谷子的話。我們先要對這本《長短經》，有一個基本觀念，了解它是不注意考據，而偏重於所引用文句的理論內容。也許他確有所見，是鬼谷子的話，也說不定，但在這裏我們不想多去考證。其次《莊子》〈內篇〉〈外篇〉〈雜篇〉中，只有〈內篇〉真正靠得住是莊子自己的著作，〈外篇〉就不一定是他的著作，〈雜篇〉就更靠不住了。但是一般人真正用得著的是〈雜篇〉。古代的成功人物，多半都熟讀它。在〈外篇〉〈雜篇〉中有許多不是莊子所著。可能是別人寫的，至於是不是鬼谷子的，則是一個問題，只有在《長短經》裏指出是鬼谷子說的，這段話是中國文化裏很有名的一段文章。現在譯文已經很多了，他的內容是：

作強盜、小偷、扒手的人，是弄壞人家的皮箱，撬開人家的櫃子，或從人家的口袋裏偷東西。於是一般人，為了預防這些人來偷竊，有了財物，都妥當的存放好，放在保險箱、衣櫥這些地方，還要在外面用繩子捆紮起來，打上死結，或者加上鎖，鎖得牢牢的，這是大家都想得到，都會這麼做的。可是遇到了大強盜的時候，整個皮箱、保險櫃都搬走，這時強盜還唯恐箱子、櫃子鎖得不牢，越鎖得牢，對強盜越方便，越有利，免得零零碎碎，太麻煩。那麼剛才所說的一般人鎖牢捆好的防盜智慧，不是為自己保護是為強盜保護了，這就是聰明智慧的反作用。同樣的道理，像有一位我教過五六年的外國學生，現在巴黎大學教書的法國女孩子，最近從法國來看我，問起還教不教外國學生，我笑著告訴她已經關門了，因為怕有一天，我們中國學生，必須去巴黎大學，把中國文化學回來。我們在這裏辛辛苦苦整理自己的文化，一旦碰到外國的強盜，連箱子都被他搬去了，就是這個道理。而事實上已經有一些朋友的孩子，到外國去學中國歷史、中國文學了。這是文化方面而言，其他方面很多是這種情形的，譬如政權也是這樣。莊子的文章就是這樣，他說了正面的，可是馬上可以看出反面的東西來。「其所謂聖者，有不為大盜守者乎？」聖人的保存文化，也是為大盜而儲蓄的，因此智慧聰明的反面，也非常可怕。所以《孫子兵法》上也說，作戰時，敵人的裝備越好，對我們越有利，因為一旦把敵人打垮了，裝備也拿過來了，那麼敵人就變成是替我們裝備，所以「小敵之堅，大敵之擒也。」

那麼何以知道自己的保護、儲蓄，只是為大盜而保護、儲蓄呢？歷史上有一件事可以證明。

聖法的流弊

「其所謂聖者，有不為大盜守者乎？何以知其然耶？昔者齊國，鄰邑相望，雞狗之音相聞，罔罟之所布，耒耨之所刺，方二千餘里，闔四境之內，所以立宗廟社稷，治邑屋州閭鄉里者，曷嘗不法聖人哉？然而田成子一朝弑齊君而盜其國，所盜者豈獨其國耶？并與聖智之法而盜之，故田成有乎盜賊之名，而身處堯舜之安，小國不敢非，大國不敢誅，十二代而有齊國，則是不獨竊齊國，并與其聖智之法，以守其盜賊之身乎。」——反聖法也。昔叔向問齊晏子曰，齊其如何？晏子曰：此季世，吾勿知齊其為陳氏矣！公棄其人而歸於陳氏。齊舊四量：豆、區、釜、鍾。四升為豆，各自其四，以登於釜，釜十則鍾。陳氏三量，皆登一焉，鍾乃大矣。以家量貸，而以公收之。山木如市，弗加於山，魚鹽蜃蛤，弗加於海，人三其力，二於公而衣食其一，公聚朽蠹而三老凍餒，國之諸市，屨賤踊貴，人多疾病，而或燠休之，其愛之如父母，歸之如流水，欲無獲人，將焉避之。」

田成子竊齊的故事

齊是姜太公的後代，最初姜太公幫助周武王，打下了天下，平定中國，周武王分封諸侯，姜太公被封在齊國，現在山東的東部。在那個時候，齊國土地貧瘠，是沒有人要的地方，周朝對姜太公的酬勞，只是如此而已。這時姜太公已將近百歲了，只好去就國，但走在半路上不想去了，碰到旅邸的主人，可能是道家的隱士，年齡也很大了，看見姜太公一臉頹廢灰心的樣子，於是勸姜太公趕快去接事，並且要好好的做，不能有埋怨的心理。就憑了這一句話，姜太公聽了心裏當然懂，倒楣就倒楣，只有絕對服從，這才去就國。姜太公到了這樣窮的地方怎麼辦呢？於是發明了把海水煮成鹽，並且開鑛，進行現代所說開發資源的工作，古代鹽鐵是經濟上最主要的物資，齊國靠海，出產漁鹽之利，因此後來到了春秋戰國時期，齊國成為最富的國家。

現在這裏寫到春秋末期齊國的富強繁華，漁業農業發達，地方又大。建立國家的一切政治規章制度，都是依照他們先世的聖人——太公望的做法，一點都不錯，可是現在不料出了一個大強盜——田成子，齊國後來就亡在田成子手裏。田成子叛變，殺了齊國的皇帝而自稱齊王，偷來了齊國這個國家，而田成子所偷的，又豈但是齊國，並且把齊國幾百年來，好的政治規章制度，都偷過來用上了。所以歷史上雖然罵田成子是竊國的強盜，但是田成子卻安安穩穩的作了齊王——齊國的大老闆。當他有權勢在手上的時候，國際上一樣的恭維他，一樣的承認他了，到底他還傳了十二代。由這個例子看，田成子不但偷到了齊國，連齊國歷史政治的經驗都偷到了。

從《莊子》這一篇看，古今中外歷史，各朝代都是竊盜，都是從別人手裏偷過來的，看我們的歷史，只有國民黨推翻滿清，是正面的革命。中國一部二十五史，幾乎每一代都是偷來的。當然，明朝朱元璋的興起，也還不能算偷，其他都是偷，甚至兄弟相偷，宋朝就是一例，換言之，都是盜。這也是說：有人講仁義，把仁義整理得非常好，可是旁邊就另外有人，將他所整理的仁義大道偷走了。這是聖人道法的反作用。仁義道德禮智是好，但好東西給了壞的人，反用起來，正好將講仁義道德禮智的人打倒。試看今日國際上，如自由世界講人道主義，絕對尊重人權，定了許多辦法，但是有人就利用這個名稱，煽動美國國會，進行統戰，所以好事被壞人反用了，就厲害得很。

晏子論權

在齊國將到末期了，叔向問齊國的名宰相晏子，齊國的前途如何？晏子說，這已經是沒落的時代。這裏古文稱季世，因古文以孟、仲、季來代表大中小或先後次序，而最小最小或最後最後的又稱叔；古文上的叔世，也就是末世的意思，季世即沒落的時代。這裏晏子是說，齊國已經到了沒落的時代了，走下坡路了，他不曉得齊國的陳家怎麼做的。這時陳家是齊國的大家權臣，特權階級，後來叛變。這時晏子說，現在齊國的人對政府不大注意，反而對陳家很信任，以度量衡這件事來說，齊國的量數，原來分為豆、區、釜、鍾四級，以四升為一豆，依次逢四進位，到釜的時候，則以十釜為一鍾。而陳家居然創出自己的量制來，不用四級而用三級，都加一倍，所以鍾的量在觀念上更大了，以他的家制放出去，以公家的量制收進來，操縱市場，以致他家的資產發達到山貨木材，堆積如山林，海產的屯積，也不比海裏的少了，一般人出三分力量，兩分歸公，一分保留自己私有。結果歸公家的東西都是壞的。負責公務的三老，窮到飯都吃不上，整個國家弄到窮的愈窮，富的愈富。普通的鞋子，窮人買不起就削價賣，但昂貴的絲織品，富人搶著要，價錢就更高。一般人都很痛苦，可是大家是盲目的，反而覺得陳家做得很好，都喜歡陳家，所有的人心，都被陳家騙去了，齊國的禍亂，恐怕難以避免。

這裏看到經濟的關係，社會的關係，與政治關係的重要。這時齊國有晏子這樣有才具、有道德的宰相，當經濟的力量操在陳家這一權臣的手裏以後，也是沒有辦法，正如《莊子．胠篋》一章中說的，齊國被陳家這一個扒手給扒掉了，而陳家的扒竊方法，是向經濟方面下手的。

聖盜同源

「跖之徒問於跖曰：盜亦有道乎？跖曰：何適而無有道耶？夫妄意室中之藏，聖也。入先，勇也。出後，義也。知可否，智也。分均，仁也。五者不備而能成大盜者，天下未之有也。」

盜跖，是代表強盜土匪壞人的代名辭，在古書上常常看到這個名辭，並不是專指某人的專有名辭，而是廣泛的指強盜土匪那一流壞人。我們平常說「盜亦有道」。這句話的由來就出在《莊子》這一段。

強盜問他的頭目，當強盜也有道嗎？強盜頭說，當強盜當然有道。天下事情，哪裏有沒有道的？當強盜要有當強盜的學問，而且學問也很大，首先在妄意——估計某一處有多少財產，要估計得很正確，這就是最高明——聖也。搶劫、偷竊的時候，別人在後面，自己先進去，這是大有勇氣——勇也。等到搶刧偷盜成功以後，別人先撤退，而自己最後走，有危險自己擔當，這是作強盜頭子要具備的本事——義也。判斷某處可不可以去搶，什麼時候去搶比較有把握，這是大智慧——智也。搶得以後，如《水滸傳》上寫的：大塊分金，大塊吃肉，平均分配——仁也。所以作強盜，也要具備有仁義禮智信的標準，哪有那麼簡單的！像過去大陸上的幫會的黑暗面，就是這樣。從另一角度看，哪種作風，比一般社會還爽朗得多，說話算話，一句夠朋友的話，就行了。所以要仁義禮智信具備，才能作強盜頭子，具備了這些條件而作不到強盜頭子的或者有，但是沒有不具備這五個條件而能作強盜頭子的，絕對沒有這個道理。

這裏是引《莊子》的一段話，如果看全篇，是很熱鬧、很妙的，其中的一段是說到孔子的身上，內容是魯國的美男子，坐懷不亂的聖人柳下惠，有一個弟弟是強盜頭子，孔子便數說柳下惠為什麼不感化這個弟弟。柳下惠對孔子說，你老先生別提了，我對他沒辦法，你也對他沒辦法。孔子不信，去到柳下惠這位強盜弟弟那裏，不料這個強盜弟弟，先是擺起威風對孔子罵了一頓，接下來又說了一大堆道理，最後對孔子說，乘我現在心情還好，不想殺你，你走吧！孔子一聲不響走了，因為這強盜頭子講的道理都很對，所以這裏引的一段，也是柳下惠的弟弟對孔子說的，而實際上是莊子在諷刺世風的寓言。李宗吾寫《厚黑學》的目的也是這樣的，所以也可以說莊子是《厚黑學》的祖師爺。相反的來看，即使作一個強盜頭子，都要有仁義禮智信的修養，那麼想要創番事業，作一個領導人，乃至一個工商界的領袖，也應該如此。倘使一個人非常自私，利益都歸自己，損失都算別人的，則不會成功。

這裏又引用另一個歷史故事來作說明了：

「後漢末，董卓入朝，將篡位，乃引用名士。范曄論曰：董卓以虓闞為情，遭崩剝之勢，故得蹈藉彝倫，毀裂畿服。夫以刳肝斮趾之性，則群生不足以厭其快，然猶折意搢紳，遲疑凌奪，尚有盜竊之道焉。」

在後漢末期，三國開始的時候，董卓在當時是西涼邊疆的一名土匪兼軍閥，毫無紀律，但對於權變詭謀，他都懂，當想要把漢獻帝的位置拿下來的時候，就知道先禮敬人。當時社會上知名的學者，如蔡邕就是他敬重的人。所以著《後漢書》的范曄，為董卓下結論說：董卓那種野蠻的豺狼之性，又遇到漢朝的政權垮台剝落崩塌的時代，給了他機會，得以蹈藉彝倫，破壞綱常制度，毀壞分裂了中央政府的政權，像董卓這種殘酷得能夠吃人，刳人肝斮人趾的人，就是殺盡了天下的人，也還不夠稱心。但是一個這樣壞的人，對於名氣大的文人學者，卻還懂得故意表演謙虛的一套。就在民國初年，如東北早期的軍閥盧俊昇，從關外到了北洋政府的時候，把帶來的大批人參、皮貨，從門房、副官一直到上面的大員，每人一份禮。會議的時候，什麼都不懂，輪到他講話的時候，他只一拱手說：「我叫盧俊昇，初次到北京，樣樣不知道，全靠諸老兄！」可是這個馬販出身的軍閥，就這樣成功了。董卓的「折意搢紳」也就是這個手段，因此他對於漢朝的政權還想慢慢來遲疑凌奪，一點一滴，漸漸抓過手來，把它吞掉。所以不要看董卓是這樣粗魯，好殺人的傢伙，他還懂得盜竊之道，怎樣去偷別人東西的方法。

例如蔡邕是當時的名士，學問非常好，董卓特別把他捧起來，因此後來董卓失敗了，被群眾殺死，因人胖脂肪多，被人在肚臍點燈的時候，誰都不敢去收屍，蔡邕是個文人，還是去哭弔，他認為董卓儘管壞，而對自己很好，還是朋友，仍然去弔喪，結果蔡邕也因此被殺了，他的女兒文姬流落到匈奴去，後來才由曹操接她回來。

「由是觀之，善人不得聖人之道不立，盜跖不得聖人之道不行。天下之善人少，而不善人多，則聖人之利天下也少，而害天下也多矣——反仁義也。」

由董卓這種人，對於名士學者，都知道籠絡運用看來，可知「道」——仁義禮智信這個原則，好人想要成功，需要以它做為依據，壞人想要成功，也不可以違反這個原則。可是天下到底好人少，壞人多，就拿社會學、人類學的觀點來看，也是事實，人性壞的多，所以耶穌、釋迦牟尼、老子、孔子，才要拚命勸人做好，可也有很多人利用宗教靠宗教吃飯的，就是天下善人少，不善人多的道理。知識學問，本來是想教人走上好的路，可是壞的人多了，如一些大土匪，何嘗沒有知識學問？壞人知識多了，為害天下的本事也就更大了。作者的這幾句結論，說得很中肯、很深刻，也很悲痛。文化學問，真是一把刀，刀的本身不一定是壞東西，刀不一定是殺人的，還可以救人，醫生動手術用的又何嘗不是刀，而且還非用不可。刀的本身不是問題，問題在於執刀的人，刀是如此，文化、道德、學問也是如此。這是說仁義的反面。

「議曰：昔仲由為郈宰，季氏以五月起長溝。當此之時，子路以其私秩粟為漿飯，以餉溝者。孔子聞之，使子貢往覆其飯，擊毀其器。子路曰：夫子嫉由之為仁義乎？孔子曰：夫禮！天子愛天下，諸侯愛境內，大夫愛官職，士愛其家。過其所愛，是曰侵官。」

再繼續討論這個問題，舉出歷史事實，說明怎樣做法才是正確的：

有一次子路去作郈這個地方的首長，當時魯國的政權掌握在季家的手裏，限五個月以內，開通一條運河。古代人口少，經濟沒落，季家這個措施，對老百姓來說，太過苛擾了。而子路的行政區內正管到這件事，為了要鼓勵大家做工，公家的經費又不夠，就自己掏腰包，把自己的薪水貼上，乃至從家裏弄糧食來，供給大家吃。孔子聽到了這個消息，馬上派子貢去，把子路做好給工人吃的飯倒掉，把飯鍋打毀。子路的脾氣，碰到這情形，火可真大了，跑回來跟老師吵架，對孔子說，你天天教我們做好人好事，教我們行仁義，現在我這樣做，你又嫉妒了，又反對我了，還教子貢來搗亂。孔子就說，子路！你不要糊塗，中國的文化、古禮，當了皇帝的人，因為天下都是自己的，便忘記了自己而愛天下，當了諸侯，就愛自己國家以內的人民，當了大夫就只管自己職務以內的事，普通一般人，愛自己的家人，超過了範圍，雖然是行仁義，也是侵害了別人的權力，所以你做錯了。

從歷史上看，一個精明皇帝下面的大臣是很難作的，假如一個大臣，作得很好，作到上下一致愛戴他，擁護他，皇帝只要問他一句話：「意欲何為？」這人臣就受不了。就如包拯這樣的忠臣，宋仁宗這樣高明的皇帝，有一次包拯建議他冊立太子，宋仁宗很不高興的反問一句：「你看我哪一個兒子最好？」意思是你姓包的希望我早死，可以把我兒子中和你有交情的一個捧上來，你包某人可以官作大一點攬權不成？包拯懂了他問這句話中的這些含義，所以立刻跪下來脫了帽子對皇帝說，我作臣子的已經六十幾歲了，也沒有兒子，這個冊立太子的建議，不是為了我自己，完全是為了朝廷。宋仁宗這才笑了。當年孔子就是這個道理，看見子路做出超過範圍的事情來，為子路著急，趕緊教子貢去把他煮好的飯都倒掉。

另一個歷史故事：

「漢武時，河間獻王來朝，造次必於仁義，武帝色然難之，謂曰：湯以七十里，文王以百里，王其勉之。王知其意，歸即縱酒。」

漢武帝的時候，封在河間的獻王，自然也是劉邦的子孫，來朝見漢武帝，穿的衣服很規矩，每一個進退動作，都很得體，很有禮貌，處處都合乎行仁由義的規矩，就自然而然的表現出莊重威嚴的樣子來。漢武帝見了他以後，態度臉色都變得很難看，心裏有所疑慮妒忌的味道，於是對河間獻王說，湯武當年起來革命，不過是七十里大的地方開始的，文王開始時候的轄區也不過一百里方圓，而你現在管的地方，比他們的幅員還更廣大，你好好的幹吧。漢武帝這幾句話，太嚴重了，意思是說，你努力吧，像你這樣做法，有一天造起反來，一定可以推翻我了，至少將來我死了，也可以打垮我的兒子，由你來當這個皇帝了。我們從這類歷史上看來，人類也很可憐，父兄叔侄之間，往往為了權力利害的相爭而相殺。以哲學的觀點去看人性，人實在是毫無價值的，骨肉之間感情非常好的，往往出在貧窮的家庭，一到有富貴權力的衝突，兄弟、姊妹、父子之間都發生問題，古今中外都是如此。這在一個哲學家看來，人實在太可怕了，真是六親不認，比禽獸還不如，沒有道理，這就叫做作人，人這種動物又有什麼意思？由此可見漢武帝的「王其勉之」這句話心理的反映。

河間獻王聽了漢武帝這句話，懂得他話裏的意思，回去以後，就故意吊兒郎當，一天到晚喝酒，聽歌跳舞，表示沒有野心，以行動告訴漢武帝，你可以放心了。

「由是言之，夫仁義兼濟，必有分乃可。故尸子曰：君臣父子，上下長幼，貴賤親疏，皆得其分曰理。愛得分曰仁。施得分曰義。慮得分曰智。動得分曰適。言得分曰信。皆得分而後為成人。由是言之，跖徒之仁義非其分矣。」

由子路和河間獻王這種歷史故事來說，要實施仁義愛人，普遍的幫忙別人，愛部下愛團體，也還要知道自己的本分，超出了本分不行。孔子把子路的飯倒了，就是子路的行為超出了本分。孔子這樣做，也是對子路無比的慈愛，是愛護學生如自己的兒子一樣，因為子路這樣一做，他會大得人心，但必然會引起的嫉妒，就非把子路害了不可，這就是教子路不要超過了本分，作人做事就如此之難。所以尸子（尸佼）就提到，作人的道理，要守本分，就是我們的老話，現在大多數年輕人是不會深入去體會的。什麼是本分？作領袖的，作父親的，作幹部的，作兒子的，上下長幼、貴賤親疏之間，都要守本分，恰到好處。譬如貧窮了，穿衣服就穿得樸素，就是窮人的樣子，不可擺濶，有錢的人也不必裝窮。所以仁愛要得分，施捨要得分，仗義疏財也要得分，智慧的行為也要得分，講話也要得分，信也要得分。總而言之，作人做事，要曉得自己的本分，要曉得適可而止，這才算成熟了，否則就是幼稚。由這個道理看起來，雖然上面所說的強盜也講仁義道德，所謂「盜亦有道」，可是在作人的基本原則上，他是錯誤的。

這是中國文化，為西方所沒有的，到今天為止，不論歐洲或美國，還沒有這個文化，專講作人做事要守本分的「哲學」，能夠到達如此深刻的，這些地方就是中國文化可貴之處。

「由是言之，夫仁義禮樂，名法刑賞，忠孝賢智之道，文武明察之端，無隱於人，而常存於代，非自昭於堯湯之時，非故逃於桀紂之朝，用得其道則天下理，用失其道而天下亂。」

這裏作全篇的結論了。他說，由上面反覆所說的各點來說，孔孟思想所標榜的仁義禮樂，法家所提倡的名法刑賞，忠孝賢智的行為，文的武的以及偵察謀略等事，每家的思想，每一種法制，都是天地間的真理，永遠存在那裏，並沒有避開人去隱藏起來。儘管時代變了，而真理還是代代都存在的，不能說時代變了，仁義的真理就不存在，就不是真理了。所以並不是說在三代以前，堯舜的時候，仁義道德就自己主動的出來了，也不是說夏桀、商紂的時候，仁義道德就沒落了，離開了人類社會。問題還是在領導時代的人物們的運用。我們要注意的，這裏只講用不講體，每一個學問，每一個思想，每一個政策，每一個辦法，運用之妙在於人。如我們桌子上這個茶杯，可以泡茶，固然很好，因喜歡茶而喜歡了茶杯，但同樣的杯裏也可以盛毒藥用來殺人，這茶杯本身沒有好壞，在於如何使用這個杯子，是給人喝茶或給人服毒，用得對的就天下太平，用得不對，就天下大亂。懂了這個道理，就知道一切學問，一切思想，在於用得恰當不恰當，同樣的思想，同樣的學問，用的時間空間不恰當，就變成有害處。

「孫卿曰：羿之法非亡也，而羿不中世。禹之法猶存也，而夏不代王。故法不能獨立，得其人則存，失其人則亡矣。」

這裏引孫卿的話作最後結論，古代羿的法制、思想、政策並沒有錯，而這些不錯的辦法還存在的時候，羿在中年就早死了。禹王治水以後稱夏朝，他的文化法制都還存在，但後代也沒有了，而制度、辦法都還是原來的。問題就在這裏，任何法律、思想、體制、政策、主義、法則，本身不能單獨存在，靠人去運用，人用得好就存在，用得不好就亡掉。

最後引用《莊子》的一段寓言作論證。

「莊子曰：宋人有善爲不龜手之藥者，代以洴澼絖爲事。客聞之，請買其方百金，客得之，以說吳王。越人有難，吳王使之將，冬，與越人水戰，大敗越人，裂地而封。能不龜手一也，或以封，或不免於洴澼絖，則其所用之異。故知制度者，代非無也，在用之而已。」

這是在《莊子》裏很精彩的，很有名的典故，古代的大政治家或大陰謀家都懂這段故事。莊子說：宋國有一家人，有一個祖傳秘方，能在冬天裏塗在身上，不生凍瘡，手上皮膚不會裂開來，所以這家人，憑了這個秘方，世世代代漂布，都不會傷手，因而漂的布又好又快又多。有一個人經過這裏，聽說這家人有這個秘方，要求以一百金——也許相當於現在一百萬美金的價值，購買這個秘方。後來果然以這個大數目，把秘方買來了，然後到南方去遊說吳王。吳越地在海邊，打仗要練海軍作水戰，他遊說吳王成功，作了吳國的海軍司令，替吳國練兵。到了冬天，和越國打仗，吳國的海軍塗了他的藥，不怕冷，不生凍瘡，大敗越國，因之立了大功，裂地而封。他就是利用這個百金買來的方子，能夠功成名就以至於封王。莊子說，就是這樣一個不生凍瘡的方子，有的人能夠利用它不生凍瘡，不裂皮膚這一點而封侯拜將，名留萬古。而這一家人卻只能用這同一個方子，世世代代替人家漂布。同樣一個東西，就看人的聰明智慧，怎樣去運用，而得到天壤之別的結果。因此一個人，倒楣了不要怨天尤人，要靠自己的智慧去想辦法翻身；所以任何思想，任何制度，不一定可靠，主要在於人的聰明智慧，在於能否善於運用。

蘇秦的歷史時代

上次討論了張良，現在自《戰國策》上，摘錄有關蘇秦的一段問題來研究。蘇秦與張儀，是中國史上的兩個名人，過去稱他們為說士或說客，所謂遊說之士，意思是說他專門玩嘴巴的。我們今天提出這一篇來研究，是非常有意義的。像現在美國的季辛吉，我們中國人就稱他為遊說之士，是蘇秦、張儀之流。一個書生用他的嘴巴，憑他的腦筋，擺布整個世界的局勢，在我們過去的歷史上，最知名的就有蘇秦、張儀兩同學，這是我們都知道的故事。現在我們回轉來再研究蘇秦、張儀的傳記資料，對我們這個時代有很深的啟發，許多道理，都可以在這裏看出來。（註：季辛吉為美國國務卿，以「穿梭外交」，遊說國際間。）

這裏就牽涉到歷史哲學問題。講歷史哲學，有兩個重要觀點，一個觀點認為人類歷史是重演的；一個觀點認為人類歷史是進化的，不會反覆重演的。但這兩個觀點是可以融會貫通的。歷史的現象，事物的變化，並不一定重演。譬如我們現在穿的西裝，同古代衣服的式樣就不同了；但是大原則，人要穿衣服，則是一樣的。我們知道了歷史的原則是一樣的，所以看到蘇秦這一篇，就可以找出很多很多的重點來。

我們如果是作學術的研究，當然，只靠這一篇是不夠的。《戰國策》是漢代劉向編的，根據歷史的資料，集中起來，編輯成書，名為《戰國策》。古代所指的「策士」，就是專講謀略學的人。譬如現在我們因為某一事件，向上面提出一個建議，這建議就是「策」。專門以這種計策起家的，就叫「策士」。另外，像宋代因時勢的需要，改變了考試制度，應考的文章中，必須增加寫一篇策論。這就是看應考人對政治和時事的見解，對國家大事的認識。到滿清末年，提倡廢除「八股」的時候，有一度又主張考試策論。我們知道宋代蘇東坡考中科名的那篇著名的文章〈刑賞忠厚之至論〉，討論司法上判罪的問題，也即是與政治有關的司法問題。現在我們要看的這篇文章摘自《戰國策》，就是屬於策論這一類的——也可說明《戰國策》一書的完成，是劉向當時把戰國時代的許多謀略問題，集中起來，編為一書。

從前讀書人對於這本書，有兩種主張：一種是限制年輕人，不許讀這本書。古代的觀念，認為讀了這本書，容易學壞。所以要先讀四書、五經，等讀好了以後再讀，由正經而懂得如何權變。但是另一個觀點，每逢時代亂的時候，便有許多人主張應該多讀《戰國策》，因為時代亂的時候，需要有頭腦的人才，所以讀了《戰國策》，對事物的觀點會不同。但是，研究謀略這一類東西，僅僅是讀《戰國策》還是不夠的，譬如研究蘇秦，就得再讀司馬遷所著《史記》中蘇秦等人的傳記。但那樣還是不夠，最好再能瞭解戰國時候，蘇秦當時所有的歷史情勢。

現在，我們僅就《戰國策》中〈蘇秦始將連橫〉這一篇來研究。所謂「合縱」等於組織一個聯合國。當時秦國是一個新興起來，有強大力量的國家，蘇秦就把弱小的國家，聯合起來抗秦。用歷史的觀點來看，蘇秦的「合縱」計，也就是這個組織的建議，是很不錯的，應該的。但是有一點，我們看了全篇以後，首先要認識一個人的動機，因為蘇秦當時的用心，並不是為了天下國家，而是為了個人出鋒頭，這是首先我們必須瞭解的。

第二點，根據歷史的記載研究，蘇秦當時是一個讀書的年輕人，後世人稱他是鬼谷子的學生。關於鬼谷子，又是一個可以用來作專題研究的題材了。歷史上究竟有沒有鬼谷子這個人，另外待考。如在河南有「鬼谷」這樣一個地方，不過古代又稱「歸谷」，意思是歸隱在這個山谷，據說這是道家的人物，有如張良所遇到的黃石公一樣，是不是確實有這個人，不知道。就是真有這樣一個人，無疑的，學問一定非常好，據說蘇秦便是他的學生。今天講謀略學，所謂撥亂反正的這一套學問，乃至於用在壞的這一方面，搗亂造反的學問，都是出於他——鬼谷子。蘇秦當時出來，拿鬼谷子的這套學問，遊說諸侯晉見每個國家的領袖，希望取得功名富貴，實行他自己的思想。

第三點要注意的，遊說在當時是一種普遍的風氣，那個時候還沒有建立考試制度，知識分子都靠遊說出來做事的。譬如孟子，一天到晚見這個諸侯，見那個諸侯，也是遊說。各個諸侯雖然尊重他的學問，可是卻不用他。同樣的，後來蘇秦第一次出來遊說，也是完全失敗了，沒有人聽他的。我們看他遊說的內容對不對？完全講的正道，但是正道當中有歪道。以現代的觀念來說，蘇秦是偏重在軍國主義的思想，主張富國強兵，他舉出歷史上的實例，只有戰爭才有辦法，才能夠強盛，才能夠安定。可是秦國並沒有接受，這又是什麼原因？這就是我們讀書要注意的地方。當時的秦國，是秦始皇的祖父輩。天天想統一，想消滅其他大國，可是蘇秦主張用兵，又為什麼不聽從他的意見？這同我們今天的情形一樣，為什麼季辛吉提倡以和談代替戰爭，大家都明知道是毒藥而還是吃下去？為什麼不肯言戰？我們讀歷史，就要懂得這些。懂得歷史就懂得現在，懂得現代也就懂得古代。歷史並不一定重演，但原則是一樣。

第四點，再講到蘇秦個人，第一次遊說失敗，弄到回家的路費都沒有，穿雙破蹻鞋，拿隻破箱子，回到家裏來，嫂嫂不給他飯吃，家裏的人都看不起他，那種難受，是到了萬分。因此蘇秦重新發憤讀書，所謂懸樑刺股，把頭髮用繩子綑起來，掛在樑上，身旁放一把錐子，等到夜晚讀書打瞌睡時，頭一低，頭髮一扯，醒了。再不行就自己用錐子刺自己的肉，如此鞭策自己用功。據說讀的是《太公兵法》，把《太公兵法》讀通了，於是再度出來遊說諸侯。這次不再跑到秦國去主張打仗，反而跑到弱小的國家，等於今日世局中，受人侵略、受人宰割的國家，由燕國、趙國開始，組織聯合陣線抗秦，不主張打仗，主要目的在使秦國不敢出兵。他把天下大事、人的心理、政治的心理、戰爭的心理，都摸透了，果然成功了。這一下身佩六國相印，同時當起六個國家的行政院長，印都掛在身上走，隨時拿來蓋就行了。當時這位聯合國的秘書長，還不比現在的聯合國秘書長，他是有實權的，只要他說一句話就行了，整個國際局勢就受這樣一個書生的擺布，安定了二十多年，這又是一個什麼道理？為什麼他後來主張合縱，大家會團結？這是矛盾的團結，利害關係的團結，不是道義的團結。為什麼會這樣，也是值得我們研究的，這和現代的情形又是一樣。

第五點，到了他個人成功以後，就看出這一班人是只講手段的，只求如何達到目的。所以中國文化中講正統文化的，素來對於這些人不大重視，因為他們只以個人為出發點，而孔孟思想是不以個人為出發點。蘇秦成功以後，自己知道這套手法只是玩弄玩弄而已，各國君王的頭腦不一定都是豆腐渣做的，不會一直聽他的擺布，只不過是所拿出來的辦法，正投合了時代的需要，都只是手段。他也知道這個手段不會長久，他的另外一招就很厲害了。當有一個強大的敵人存在，大家需要團結起來與它抗衡，這時是做得到；但對秦國封鎖了以後，秦國的軍國主義不能擴張了，結果蘇秦的戲就不能唱了。沒有了敵人，怎麼還能夠玩？

於是他利用機會培養和他學問差不多的好同學張儀，他這培養方法就很高明了。他怎樣培養張儀的？他和張儀的感情原來好得很，而且兩人約定在先，誰先有辦法，誰就幫忙另一人站起來。這時蘇秦佩了六國的相印，張儀還窮得很，去找蘇秦，心想求取一個秘書、科長的位置，還會有什麼問題？蘇秦正在辦公室接見各國大使，忙碌得很，知道張儀來了，教他在外面小工友的小房子裏等候，自己威風得很。到了吃飯的時候，也留張儀吃飯，可是隨便打發他在一個角落裏吃，自己卻和各國貴賓周旋。故意使張儀看見，使張儀難受，用種種方法刺激他，最後告訴張儀目前沒有機會，囑到旅館等候，也不送點錢去，使他受盡冷落淒涼之苦，然後教一個人對張儀說：你是找蘇秦的？同學有什麼用？他已經功成名就，不理你了，你的學問也很好，又何必求他呢？用種種方法挑撥，使張儀恨死了蘇秦，決心非打倒蘇秦不可。到秦國去，你蘇秦搞合縱，我就弄一個專門破合縱的計劃。實際上，蘇秦正需要像張儀這樣的人到秦國去，但是他為什麼不告訴張儀合作唱對臺戲？因為他知道張儀如果不受這樣大的刺激，就發不起狠來，如果說明了，反而搞不好，必須要培養出他如此怨恨的氣憤，硬是要立志做破壞的計劃，兩人才有戲唱。所以後來張儀連橫的計劃成功了，蘇秦派去挑撥張儀到秦國去，始終「臥底」的人，這時才把真相說出來。實際上到秦國的路費還是蘇秦奉送的，一切都是蘇秦安排的。所以張儀說，我還是沒有跳出這位老同學的手心。並且決定蘇秦還在的一天，秦國就一天不出兵，等蘇秦死了再打。戰國末期，就被這樣兩個書生擺來擺去，擺布了相當長一個時期。現在我們用人才，除了有才具，有學問，有思想，還非要有道德做基礎不可，沒有真正的道德做基礎，則好頭腦是很可怕的。這是第五個重點。

第六個重點，附帶談到有名的故事，當蘇秦第一度遊說失敗，窮了回家的時候，嫂嫂都不給他吃飯，冷飯都不剩一點，父母兄弟都看不起他。到後來身佩六國相印，要到楚國去的時候，經過自己家鄉，他的嫂嫂以及全家人都跪下來迎接，那種恭維真是不得了的。這時蘇秦問他的嫂嫂：「何前倨而後卑也？」這個話也只有蘇秦才說得出口。老實說，在中國講究道德修養的人，不會講這樣的話，他卻會爽直痛快當面問他嫂嫂。人性本來也就是這樣，可說他問得很直爽，還不算頂壞的，還沒有故意整她。而嫂嫂答覆的話也很簡單明瞭，她說：「以季子之位尊而多金。」這是人情之常。古今中外，人類社會，就是這麼一回事。哪個時代，哪個地方不講現實？從這裏又可認識人情世故。

第七點，蘇秦是怎樣死的？善有善報，惡有惡報，他不得好死，最後到了齊國的時候，有人行刺，把他殺死了。他所以到齊國去，是因為在燕國出了私生活方面的緋色故事，和燕王的皇太后發生了關係，被燕王知道了，蘇秦知道靠不住了，很危險。於是說動燕王，要到齊國去才對燕國有利，燕王明知道是怎麼一回事，但也只有這個辦法送他走最妥當，就讓他去了。結果，齊國的大臣們找人行刺他，沒有立即死去，身負重傷。而齊王賞識他，大為震怒，下令全國抓兇手，可是抓不到。蘇秦在臨死以前，告訴齊王，只要宣布一下蘇秦是個壞蛋，是為燕國來作間諜的，被殺死以後，齊國可以安定，這樣宣布就可抓到兇手。蘇秦說完這些話就死了。齊王果然照蘇秦的話宣布，而行刺的兇手出來了，於是齊王把兇手抓來殺了。蘇秦臨死了，還會動腦筋，藉人家的手替自己報仇，這就是搞謀略的人頭腦的厲害。

這是隨便舉出來的七個重點，事實上我們要看的第一篇當中，並不止這七點，還有很多重點，仔細去研究起來，對於古代戰爭地理的觀念、社會發展的觀念、經濟問題的觀念、軍事問題的觀念等等，都足以發人深省。這就是讀書不要被書騙去了，僅瞭解文字，就不是真讀書，我們讀書是要吸收歷史所告訴我們的經驗，由這經驗瞭解很多很多的事，尤其對於今日我們國家所處的這個世界局面，會有更深入的瞭解。所以我上幾次都建議大家，多讀《戰國策》《國語》，不要以為這些是老東西沒有用，實際上這些書非常有用。

遠見抵不住現實的短視

現在就原文文字，作一下重點解說：

「蘇秦始將連橫，說秦惠王曰：『大王之國，西有巴蜀、漢中之利，北有胡貉、代馬之用，南有巫山、黔中之限，東有崤、函之固，田肥美，民殷富，戰車萬乘，奮擊百萬，沃野千里，蓄積饒多，地勢形便，此所謂天府，天下之雄國也。以大王之賢，士民之眾，車騎之用，兵法之教，可以并諸侯，吞天下，稱帝而治。願大王少留意，臣請奏其效！』」

蘇秦說秦惠王，一開始，就指出秦國西、北、南、東四邊的疆界，邊防的形勢。不要以為這是古代的地理，大家還是要注意，將來回到大陸，乃至今日的工作，都有關係的，雖然交通情形古今不同，但地理形勢是不會變的。他繼續又說到地理與經濟的關係，一直到「天下之雄國也」。這是說明當時秦國的首都，在現代的陝西西安一帶。我們要注意，那時的陝西又不比現代，經濟的條件、地理的條件、政治的條件，都非常重要。最奇怪的是：我們研究中國戰史，歷史上的大戰爭，幾乎每次都是從秦晉這邊向東南打下來的，所謂建瓴而下，中國的地勢就是這樣，如同屋頂上倒水，一直傾下來，幾乎任何一次大的戰爭都是如此，如果從這一方面去研究，牽涉到的戰史就太多了。比較特殊一點的，只有元朝稍稍有所不同，蒙古也是由西北高原，但不一直東下，先進康藏的邊境，囊括巴蜀、漢中，另由康、藏，席捲雲南，而經嶺南、兩廣，北上會師湖南、湖北。同時再另由北方出兵，兩邊向中原一抱，鉗形的夾持，就把中國抱去了。只有這一次用的戰略，與歷代的戰略不同。這是一大重點。

自「以大王之賢」到「願大王少留意」這一段，要注意的是，戰國時的秦國，想併吞各國，統一天下，並不是秦始皇開始的，秦始皇的祖先早就有這個企圖，尤其是蘇秦對秦惠王說的這段話，就是要他統一天下，並且把秦國的地理條件、經濟條件、人才、軍備等等優越的地方都說出來了。

蘇秦受到反教育

我們現在注意秦惠王答覆蘇秦：

「秦王曰：『寡人聞之，毛羽不豐滿者，不可以高飛；文章不成者，不可以誅罰；道德不厚者，不可以使民；政教不順者，不可以煩大臣。今先生儼然不遠千里而庭教之，願以異日！』」

他沒有接受蘇秦的意見。但不接受有他的幾點理由：一、如同鳥一樣，羽毛還沒有長豐滿，是不可以學飛的；個人作人如此，國家大事也如此。沒有準備好，飛不起來的。二、「文章不成者，不可以誅罰。」這個「文章」不是現代在報紙、刊物上寫的文章，這裏的意思是政治文明，包括社會的安定，政治的清明，在古人說是「大文章」。用現代話說，是政治文化的基礎還沒有穩固，不能隨便誅伐別人，征伐別人。三、「道德不厚者，不可以使民。」秦惠王所講的這個「道德」，並不是四書五經上所講的道德。在古代，道德是一個政治名稱，意思是聲望、威望。國家在一般人民，還不能信服的時候，就無法指揮人。四、「政教不順者，不可以煩大臣。」內政還沒有做到很平順、很安定時，就不可以因出兵而勞煩大臣，勞煩國家的重要幹部。

秦惠王舉出了這四點。以現代的觀念看，他是說，據我所知，準備不夠，不能輕舉妄動。自己在國際政治上的聲望不夠，無法去征伐別個國家。國內的威望不夠，就不能支使老百姓。內政上還沒有達到最高的修明境界，也不能加重大臣們的職責。所以秦惠王對蘇秦很客氣地說，承蒙你看得起我，那麼遠跑來看我，而「庭教之」。（蘇秦不是秦國人，他是當時中央政府所在地的東周洛陽人，因此說「庭教之」——到我這裏來指導我，假如有朋友來家裏看自己，我們寫信也可寫「蒙枉顧而庭教之」。）接著說：「願以異日」，以後再講，輕輕四個字，把蘇秦趕跑了。

藥不對症的言論

可是蘇秦並不死心，還是提出他的見解來，這是他最初的思想，然這時的蘇秦還不成熟，可是已經蠻會說話。

「蘇秦曰：『臣固疑大王之不能用也。昔者神農伐補遂，黃帝伐涿鹿而禽蚩尤，堯伐驩兜，舜伐三苗，禹伐共工，湯伐有夏，文王伐崇，武王伐紂，齊桓任戰而伯天下。由此觀之，惡有不戰者乎？』」

他一開始就說「臣固疑大王之不能用也。」——我早想到你不會採用我的意見。他被拒了，還賴在那裏，接著他就舉出歷史上許多的故事來。為了充實自己理論的內容，他引用了許多上古史，而這些歷史，都證明天下是打來的。由黃帝開始，一次戰爭勝利，就成功了，乃至最後由王道談到霸道，例引「齊桓任戰而伯天下」，靠戰爭稱霸，領導了天下。然後說，有歷史的證據在這裏，沒有一個國家不是靠戰爭而統一天下的，這就是蘇秦的主張，以現代的另一角度來看，這就是黷武精神、侵略主義或好戰思想，沒有實力的強權就不會成功的。蘇秦繼續又說：

「『古者使車轂擊馳，言語相結，天下為一，約從連橫，兵革不藏，文士並餝（一作飭），諸侯亂惑，萬端俱起，不可勝理，科條既備，民多偽態，書策稠濁，百姓不足，上下相愁，民無所聊，明言章理，兵甲愈起，辯言偉服，戰攻不息，繁稱文辭，天下不治，舌弊耳聾，不見成功，行義約信，天下不親；於是乃廢文任武，厚養死士，綴甲厲兵，效勝於戰場。』」

這一段文字，四個字一句，後來就演變成中國一種文體——駢體文——四六句，幾千年來一直都用這種文體，簡單明瞭，而包括的內容又很多，每句裏都有很多的東西。試從這段中隨便抽出一句來看，例如「舌弊耳聾，不見成功」這八個字，就是今天美國季辛吉這一套的政策，嘴裏叫和平，結果受了共產黨的騙，這就是「舌弊耳聾」，你季辛吉叫死了都沒得用。又如

「行義約信，天下不親。」美國的政策，和談代替戰爭，和敵人講和，條約要守住，要講信用，可是「天下不親」，越搞越糟，把人家的國家都亡掉了。世界上最討厭的，就是這一種「約信」，許多史實都可證明。所以我們多看自己的歷史，現代的這些事情在過去的歷史都有過了，道理很清楚，所以蘇秦說，到了後來「廢文任武」，光靠文化的政治，在國際間做不到，沒有辦法，只好靠戰爭來解決問題，於是「厚養死士」，培養敢死的人。

接著這幾句話要注意。

「『夫！徒處而致利，安坐而廣地，雖古五帝，三王，五伯明主賢君，常欲坐而致之，其勢不能，故以戰續之；寬則兩軍相攻，迫則杖戟相橦，然後可建大功。是故兵勝於外，義強於內，威立於上，民服於下。』」

他說只是講理論沒得用，非戰爭不可，為什麼？任何人都想，坐在家裏利益就來了，不打仗而領土越來越擴充，乃至古代的三皇、五帝、五伯以及所有的明主賢君，都希望能夠做到這樣，不經打仗，只要內政修明，就有人來投降。但這只是理想，用道德的政治來感化人，是不可能的事情，最後不得已，都是用戰爭。

下面是蘇秦所提的重點，這個重點對不對呢？說句老實話，任何一個時代，任何一個國家，任何一個歷史，都是如此，只是表面上不講出兵而已。任何一個和平，沒有一個堅強的武力在後面支持，都站不住的。所以講軍事哲學思想，蘇秦的話就是：和平只有在強有力的情形下才能談的，否則談不到。這就是他的「寬則兩軍相攻」到「民服於下」一段話中的「兵勝於外，義強於內」八個字，一個國家，對外有強有力的武力支持，對內再講求內政的修明，這時你講道德，人家就都聽你的了；如果對外的兵力不強，再講道德也沒有用。

「『今欲并天下，凌萬乘，詘敵國，制海內，子元元，臣諸侯，非兵不可。今之嗣主，忽於至道，皆惛於教，亂於治，迷於言，惑於語，沈於辯，溺於辭，以此論之，王固不能行也。』」

最後，蘇秦在這裏刺激秦惠王，等於在罵他。蘇秦說，根據這些歷史的經驗，任何國家，想統一天下都非兵不可。蘇秦當然不好意思直接罵秦惠王，他說現在一般國家的嗣主們，都不懂這些大道理，都在那裏惛、亂、迷、惑，沉溺在言語辯論上，空談理論，所以推論起來，我看你秦惠王也是做不到的。意思就是說秦惠王也和他們一樣的草包。

蘇秦開始出來，遊說秦惠王十次，罵也好，捧也好，終歸此路不通。結果都失敗了，老實說，這個時候蘇秦的主張對不對？沒有一點是錯的，但是高明不高明？很笨！因為秦惠王答覆他的話已經講到底了。意思是說，你這些道理，我秦惠王全知道，但時機還沒有成熟，還不到時候就不能打。所以蘇秦這時到底還是一個書生。從這裏我們又想到漢文帝時候的賈誼，他的一篇文章〈過秦論〉，大家應該都唸過的，內容是講漢初中國的地理環境，與政治、軍事都有關係。他為什麼寫這篇文章，那時正是漢文帝時代政治最安定的時候，賈誼是一個二十多歲的年輕人，學問很好，很有眼光，他已經看到天下將要亂了，漢文帝擬的幾個政策有問題。他的看法並沒有錯，很對的，所以他向漢文帝提出這個建議，漢文帝也很服他。但後來賈誼還是不得志，死於湖南的長沙，所以後人又稱他為賈長沙。歷代的文人知識分子不得意，都用賈誼來比擬，尤其李商隱詠他的詩：「宣室求賢訪逐臣，賈生才調更無倫，可憐夜半虛前席，不問蒼生問鬼神。」是賈誼提出建議以後，文帝半夜起來忽然想到賈誼，就召見他，還特別在前面擺好一個位置等他來，表示看重他。可是當兩人面對面談話時，漢文帝卻只問他人死後究竟有沒有靈魂的問題，所以後來歷代的文人都為賈誼叫屈，這首詩最後兩句就是對漢文帝不滿的，對一個這樣大才的人，「可憐夜半虛前席，不問蒼生問鬼神。」半夜裏把他找來，這樣尊重他，卻不問天下國家大事，反而討論宗教哲學的問題了。多可憐！其實這首詩也是書呆子的話，漢文帝不跟他談鬼神又能談什麼？賈誼的這些意見漢文帝早就知道了。漢文帝的心裏是認為你這個年輕的書生，意見完全對，可是時機還沒有到！賈誼的智慧到底不行，眼光還不夠。所以李商隱替他抱冤屈，還是書生之見。我的看法，漢文帝對他不問鬼神又能問什麼？漢文帝不能對他說時機還沒有成熟啊！

人情千古重多金

上面所提出來當時的時代趨勢，有許多大原則，是和今日的國際局勢差不多，甚至可以說完全相同。只是社會的形態、政治的形態，以及其結構不同而已。現在說到蘇秦本人。

「說秦王書十上而說不行，黑貂之裘弊，黃金百斤盡，資用乏絕，去秦而歸，羸縢履蹻，負書擔橐，形容枯槁，面目犂黑，狀有歸（愧）色。歸至家，妻不下紝，嫂不為炊，父母不與言。蘇秦喟然歎曰：『妻不以我為夫，嫂不以我為叔，父母不以我為子，是皆秦之罪也！』乃夜發書，陳篋數十，得太公《陰符》之謀，伏而誦之，簡練以為揣摩。讀書欲睡，引錐自刺其股，血流至足。曰：『安有說人主，不能出其金玉錦繡，取卿相之尊者乎？』」

在「書十上而說不行」，路子走不通的時候，就很可憐了，原來特製的最名貴黑貂皮的衣服穿破了，錢也用光了，行李袋子破了，鞋子也買不起，只好穿草鞋，自己挑了擔子，臉色難看得很，又黑又瘦，營養不良所致，只好回家了。回到家裏的時候，太太看見他這副樣子，不理他，正在織布做工，也不放下來，照樣做她的工，嫂嫂不給他做飯，父母也不和他講話。這裏就看到了人情。由這裏我們也看到千古以來一般人情，蘇秦遭遇到這種情形，只有感嘆自己錯了。

於是這一下發憤讀書，漏夜把所有的書拿出來。「陳篋數十」，他的藏書還是很多的，不比現代，古代還有那麼多書，可見平常很用功。那時的書是很難得到的，「篋」並不是書箱書櫃，古代的書刻在竹片上，就叫書篋，堆起來很多的。他在很多的書裏，找到「太公《陰符》之謀」，就是古代的《陰符經》，是不是現代的這本《陰符經》，或另有原本，就很難說，據說他讀的是陰符兵法。他「伏而誦之，簡練以為揣摩。」這兩句話是重點，這個「伏」並不是說他跪下來讀，是蹲在家裏不出去，正如上海話「孵豆芽」的意思，就是躲在家裏，連人都不敢見，專門研究學問。「簡練」二字，「簡」就是選，選書中的重點，「練」是熟練，再把選出來的重點搞熟。「揣摩」就是思想、研究等等的綜合，揣是用手比算，摩是摸摸看。思想上的揣摩就是研究人家的心理，研究當時國際間的形勢，研究每一國領導人心理上需要的是什麼。他在這段用功的期間，連睡都沒有好好睡，打瞌睡的時候，用錐子刺痛自己，刺到血都流出來，一直由大腿流到腳上。他這樣足足用了一年的功，自己有了信心以後，於是他說：「安有說人主不能出其金玉錦繡，取卿相之尊者乎？」這兩句話是很重要的一個重點，我們要特別注意，他有了信心了，並沒有為國家、天下、人類、社會著想，只求他個人的成功。他說只要找到一個老闆，一定可以把這老闆口袋裏的寶貝、黃金、美鈔都裝到自己的口袋裏來，不但可以拿到錢，還有當宰相的絕對把握。他自認為一定可以作當政的人，成為政治上的權要，所以他又出門了。

雛燕初飛

「朞年，揣摩成，曰：『此真可以說當世之君矣。』於是，乃摩燕烏集闕，見說趙王於華屋之下，抵掌而談。趙王大悅，封為武安君，受相印；革車百乘，錦繡千純，白璧百雙，黃金萬溢，以隨其後，約從散橫，以抑強秦，故蘇秦相於趙而關不通。當此之時，天下之大，萬民之眾，王侯之威，謀臣之權，皆欲決蘇秦之策。不費斗糧，未煩一兵，未戰一士，未絕一絃，未折一矢，諸侯相親，賢於兄弟。」

這次蘇秦不再到秦國去了，而先到北方，這些都是弱小的國家。他先到燕國，說動了燕國的諸侯，認為他的辦法好，給了他資本，要他去組織「聯合國」。他就來到趙國了，在趙王建築得非常漂亮的大辦公室裏，和趙王拉著手講悄悄話，講的一些什麼內容，須看《戰國策》的〈趙策〉。不過讀中國古書要瞭解，他所講的雖然記載下來給後人學習，也不一定是光明正大的好主意，都是講的利害關係，屬於當時的陰謀，所以悄悄的。趙王聽了以後，大為高興，馬上封他為武安君，等於現在的上將軍、特任官。這個時候，他一下子闊起來了，受了相印，後面帶著從人，等於一個特別辦公室的機構，「聯合國」的祕書長還沒有當上，派頭先有了。他出去時，後面跟著的車子有一百輛。至於錦繡千純，並不是穿的衣服，在那個時代，布匹和錢幣同樣是錢，都當作貨幣用。他後面帶了很多錢，還有白璧百雙和黃金萬鎰，都跟在他的後面。這時他有了政治資本，才開始組織「聯合國」，提倡抗秦。

下面「蘇秦相於趙」到「賢於兄弟」一段：就是說蘇秦這時作到趙國的首相而兼辦外交，就馬上與秦國斷絕了外交關係，和那麼強的秦國，不但外交上斷絕關係，經濟上工商業都不通往來了。這是他與趙王「抵掌而談」時，不曉得出了些什麼主意，後世的人無法知道。後來他的「聯合國」一組成，蘇秦威風之大，大到除了秦國之外，六國諸侯所轄那麼大的天下，那麼多的群眾，每個國家的諸侯，以及「參謀長」、「祕書長」什麼文官武將等謀臣勇士，全部都聽命於他一個人，靠他一句話作決定。那種權勢，威風之大，不可想像，如拿今天的季辛吉來比，季辛吉還不及他萬分之一呢！而且這個時候，國際上沒有辦法停止戰爭，可是蘇秦做到了連一根箭都沒有用過，而國際上諸侯之間，就能互相合作，賢於兄弟，大家互相團結，這是蘇秦的成功。

「夫賢人在而天下服，一人用而天下從，故曰：『式於政，不式於勇；式於廊廟之內，不式於四境之外。』當秦之隆，黃金萬溢為用，轉轂連騎，炫熿於道，山東之國，從風而服，使趙大重。」

於是寫這篇文章的人結論說，由這一段歷史，就看出人才的重要，有才幹的賢者得其位，天下就服了。只要這一人施展所長，天下的人不問思想、觀念各方面，都跟他走，所以古話說：「式於政，不式於勇；式於廊廟之內，不式於四境之外。」這個「式」就是標準，也就是中心。一個中心在於政治——包括內政、外交、經濟、軍事、社會、教育等廣義的政治。光靠武力沒有用，要好的政治策略，「式於廊廟之內」——廊廟過去指君主上朝的朝廷，比之現代，是中央最高決策的所在。只要有好的政策、好的人才，就能轉危為安，就像蘇秦威風的時候，六國的經濟都由他支配，各國之間的關係如此密切，不但外交上如此，還有工商上的往來，在秦晉山脈以東的各個國家的諸侯，聽到消息就跟著來歸服了，使趙國在當時國際上，立即變成最有聲望，最有地位的盟工國。

反覆波瀾的人世

下面講到蘇秦個人，這也是大家要研究的，關於個人的人生與國家社會的關係。

「且夫！蘇秦特窮巷掘門桑戶棬樞之士耳，伏軾撙銜，橫歷天下，廷說諸侯之王，杜左右之口，天下莫之能伉。將說楚王，路過洛陽，父母聞之，清宮除道，張樂設宴，郊迎三十里；妻側目而視，傾耳而聽；嫂虵行匍伏，四拜自跪而謝。蘇秦曰：『嫂何前倨而後卑也？』嫂曰：『以季子之位尊而多金。』蘇秦曰：『嗟乎！貧窮則父母不子，富貴則親戚畏懼，人生世上，勢位富貴，蓋可忽乎哉！』」——《戰國策》。

這裏說蘇秦這個人，不過是貧民窟裏出身的，家裏窮得很，小門小戶，好比貧民窟裏違章建築窮家的子弟而已，結果坐那麼豪華的車子，威風凜凜，國際間隨意走動，同每個國家的元首見面，在各個朝廷中，高談闊論，使各國元首身邊最受器重、最得寵的人，在他面前都閉著嘴不敢亂說話，只有聽命的分，天下人沒有辦法和他對抗。他就是靠頭腦，靠嘴巴幹出來的。這裏就要注意了，推開軍事哲學來說，任何歷史，任何時代，戰爭的背後還是思想；權力的背後也是思想，政治的背後仍然是思想，不過許多思想家，雖然影響了整個時代，乃至影響後世千秋萬載，在他本人當時是很可憐的。比如孔子、孟子以及古今中外很多人都是如此，這些人都是走正路的大思想家。而蘇秦、張儀這類搞思想的人，就講現實，他們對國家、民族、人類、社會這些大經大節都不考慮，完全個人英雄主義，自我主義，做到「天下莫之能伉」就是他們的目的。

後來蘇秦要到南方一個新興的國家楚國去，經過他的故鄉洛陽，家裏人這時對他的待遇，和他第一次遊說秦王失敗回來，連父母都不理他的情形，成了一個強烈的對比。這時父母聽到他來了，趕緊雇人來粉刷房子，路都打掃乾淨，準備了音樂、宴席，而且到三十里以外去郊迎。太太不敢正眼看他，只有低下頭，側過臉，偷偷地瞄他一眼，蘇秦講的話，還要湊過耳朵仔細聽，就怕聽錯了。嫂嫂更嚴重了，跪在地上爬過去，自己先跪下來道歉。豈止蘇秦？漢高祖也是如此，當亭長的時候，又喝酒，又亂來，回家時嫂嫂也不給他做飯，要他吃冷飯去。這就是人生。

所以有的人讀了這些書，覺得自己要奮鬥，要爭氣，這是一種看法。如果講修養的，如孔、孟的道德觀念，就覺得蘇秦的嫂嫂、太太這一類型的人太多太多，只是很值得憐憫，但一點也不會動氣，而覺得人原來是如此可憐的一種動物，於是去感化這種人，教他們以後不要這樣想，不要這樣做，這就是道德的思想。相反的，就是不道德的思想，也是蘇秦他們這一條路，不過蘇秦還算好，他並沒有報復，只是幽默一下，諷刺他嫂嫂一句而已。歷史上報復的人很多，如宋朝第一位宰相趙普，胸襟就非常狹隘，度量不夠大，他當了宰相，對以前對不起他的人都要報復，還是宋太祖勸他說：「風塵中能識天子、宰相，則人皆可物色矣。」所以宋太祖還是了不起。趙普也還算好的，歷史上有很多報復得很慘的例子。所以說蘇秦算是好的，不過問他嫂嫂：上次我回來，你高高在上，現在你又跪下來幹什麼？如果以儒家的道理來說，蘇秦就不講這句話，儒家的做法，是不和這樣的人計較。像蘇秦這樣做法，也是為儒家所不齒的。如歷史上三國時有名的管寧與華歆的故事，他們原來是很要好的同學，有一次兩人同在一起挖地，管寧挖到一塊黃金，看都不看一眼，華歆拿起來看看，想了一下，還是把黃金丟掉了，從此管寧就看不起華歆，斷定他將來一定有問題，而不相往來。後來華歆當了曹丕的大臣，也等於是一人之下萬人之上，那麼人的權貴，而管寧就蓋了一個樓房，搬到樓上去住，因為他不願意立腳在華歆所管的土地上，而一輩子不下樓。這就是儒家的另一種作法。假使蘇秦講這句話時，有一個管寧在旁邊聽了，就馬上走開，不理他了，不必說六國宰相，即使當萬國宰相，他也不會理的。可是蘇秦的嫂嫂答道：你現在地位高了，又有錢，當然不比從前了。那麼蘇秦聽了，不免有所感慨：人在這個世界上，勢力、地位、金錢、富貴，這些都不能馬虎的啊！不過，要知道一個人，在某一時期，財富名位權勢，一點也沒有用。真看通這點，才知道如何是人。

這是不能效法的，我曾再三說過，這是屬於謀略之學，所以中國古代讀書人，對這種書的看法是「不足為訓」四個字的評語，不能拿來效法的，不過要懂得。如孔子、孟子何嘗不懂這些，當然懂得，但是講道德，則如孔子讚賞顏回的，寧可抱道窮死，絕對不走偏路；再如子貢，像蘇秦這一套本領他都有，而且他也做了，遊說過列國，也成功，可是子貢走的是正路，在國際上擺布了那麼大的局面，而自己什麼都不要，只是為了救自己的父母之邦，才不得不如此一用而已。

這裏我們對於歷史的瞭解，關於個人的也好，關於國家的大事也好，應該多方面比較，才能有深刻的見識，和正大的抉擇。

人才與時代歷史

我們現在姑且以人作中心來講，上次講了蘇秦，這次說到張儀。為什麼要說這兩個人？要瞭解自己國家歷史文化的演變，尤其是在一個世界變亂的動盪時代，對於權謀之術，不能不有所瞭解。過去大家都唸過這一類的書，也許因為各人生活的經驗不同，而體認的程度也有深淺不同。這幾十年來，大家都有許多經歷，以這許多不同的經歷，來看歷史上的事蹟，再看世界的大勢，觀點就不同，因此讀歷史的觀點也不同了。

我們都知道蘇秦、張儀是戰國時期的人。不過以他們個人作中心，而研究整個歷史，特別要注意的是：中國文化，由周朝開始行禮樂道德的政治制度，禮樂道德的政治哲學思想，到了春秋以後，非變不可。這並不一定是由於某一個人或幾個人的敗壞而演變，而是時勢所趨，非變不可。就像我們常說的一句最幽默的，也是最有意義的話：「無可奈何，只好如此。」有些人對於環境和事務是這樣，時代的趨勢也是這樣。任何一個時代潮流，趨勢來了的時候，就「無可奈何，只好如此。」由春秋到戰國，就是這樣一個情形，這是第一點我們要瞭解的。

其次，周朝禮樂道德的政治制度與政治思想，是所謂王道政治。到了春秋時代，就成了霸道政治。所謂「霸道」一辭，並不是現代「不講理就是霸道」的意思，當時的霸道並不是不講理，仍舊非常講理。以現代觀念而言，國際之間的領導權，以武力或財力而稱尊的，稱之為霸或伯。不走禮樂道德政治的路線，走的是利害關係的路線。當然在利害關係當中，仍然還有他的道德標準，這就是霸道政治的時代。到了戰國時代，也稱霸道，但已經是霸道的末流了。這時的霸道，到達了併吞，也就是侵略的階段。這個時候，一個國家所需要的是強。到了這個階段，天下所需要的，就不是分封諸侯的封建制度，而需要統一天下為一個國家，過去宗法社會的封建是要改變了。當時各國之間，可能統一天下的，最有優勢的是秦國，另外還有南方一個新興的楚國，但楚國始終無法與秦國抗衡。至於太行山以東，黃河南北的這些國家，太老大了，內政也太衰敗了，始終處於聽人宰割的狀態。

牽涉到商鞅

研究歷史，戰國時的齊國、楚國，乃至韓、魏，並不是不可為，但又為什麼弄到如此，只能聽秦國的擺布？歸結下來，不外是人才的問題。

好了，到此我們可以得到一個結論，不但是中國的歷史文化，即使世界的歷史文化也是如此：決定仍是在人才。就是現代的歷史，我們看《第二次世界大戰祕史》這部紀錄片以後，也深深感到人才是決定性的關鍵。任何思想、任何精良的制度，都要靠人才的創造和人才的推行。當時秦國所以能夠在一百年內興盛起來，就決定在幾個人身上。蘇秦、張儀以前，秦國在政治基礎上，有一次很好的改革，就是用了法家商鞅的決策，提倡法治，所謂商鞅變法。商鞅這一次在政治上所做的改變，不止是影響了秦國後代的秦始皇，甚至影響了後世三千年來的中國，這又是一個大問題。

商鞅當時改變政治的「法治」主張，第一項是針對周代的公產制度（有人說周代這個制度，就是社會主義，也就是共產主義，這種說法，是硬作比方，似是而非的）。商鞅在秦國的變法，首先是經濟思想改變，主張財產私有，因為財產公有以後，人就懶惰了，不肯努力。人都是自私的，為了自己的利益才肯去努力，如果為大家做，做的成果大家都有份，那自己又何必那麼賣力？這是人類基本的自私心理。由商鞅變法，建立了私有財產制度以後，秦國一下子就富強起來了。但商鞅開始變法的時候，遭遇打擊很大，關鍵就在四個字：「民曰不便」，這一點大家千萬注意，這就講到群眾心理、政治心理與社會心理。大家更要瞭解，人類的社會非常奇怪，習慣很難改，當商鞅改變政治制度，在經濟上變成私有財產，社會的形態，變成相似於我們現在用的鄰里保甲的管理，社會組織非常嚴密。可是這個劃時代的改變，開始的時候，「民曰不便」，老百姓統統反對，理由是不習慣。可是商鞅畢竟把秦國富強起來了。他自己失敗了，是因為他個人的學問修養、道德的確有問題，以致後來被五馬分屍。這等到有機會研究到他的時候再說。可是他的變法真正成功了，中國後世的政治路線，一直沒有脫離他的範圍。

由商鞅一直到西漢末年，這中間經過四百年左右，到了王莽，他把私有財產制度恢復到周朝的公有財產。王莽的失敗，又是在「民曰不便」。王莽下來，再經過七八百年，到了宋朝王安石變法，儘管我們後世如何捧他，在他當時，並沒有成功。王安石本人無可批評，道德、學問樣樣都好，他的政治思想精神，後世永遠留傳下來，而當時失敗，也是因為「民曰不便」。我們讀歷史，這四個字很容易一下讀過去了，所以我們看書碰到這種地方，要把書本擺下來，寧靜地多想想，加以研究。這「不便」兩個字，往往毀了一個時代，毀了一個國家，也毀了個人。以一件小事來比喻，這是舊的事實，新的名辭，所謂「代溝」，就是年輕一代新的思想來了，「老人曰不便」，就是不習慣，實在「便」不了。這往往是牽涉政治、社會形態很大的。一個偉大的政治家，對於這種心理完全懂，於是就產生了「突變」與「漸變」的選擇問題。漸變是溫和的，突變是急進的。對於一個社會環境，或者團體，用哪一個方式來改變比較方便而容易接受，慢慢改變他的「不便」而為

「便」的，就要靠自己的智慧。這也是講蘇秦、張儀這兩個人的事蹟，所應注意到的。

外才與內用

說到張儀、蘇秦兩個人，遊說的目標，開始都是對秦國。秦國在秦始皇以前，歷史政治的基礎之所以打好，都借重於外來的人才。商鞅衛國人，外來的；百里奚虞國人，外來的；張儀這些外來的人物，還是後期的。為什麼這些人，不能為自己的國家所用，反而都去替秦國效力呢？這中間的問題也很大，這裏暫不分析，大家自己去研究它的原因吧！還有一個觀念要很注意的，讀古書固然要吸收歷史的經驗，但是不要被古人牽著鼻子走，尤其今天求學問，對今天的時事要格外留意，千萬要把握住今古無分別的原則。當年的秦國，可以把它比作現在的美國，也可以比作蘇聯。但是不要忘記，秦國的壞處可比敵人，但秦國的好處也可以比作我們自己，這是沒有固定的，我們怎樣去運用這個法則，是在於人的智慧。

張儀之所以在秦國一說就通了，原因是秦國在當時所需要的，並不是什麼文化思想。誰有辦法使秦國強大，永遠的強大，而且蓋世的強大，就請誰。這是在當時的必然趨勢，並不是說秦始皇的祖先們，毫無道德禮樂政治的思想，而是時代的趨勢，需要如此。

張儀的故事

再看張儀的個人，要看《史記》張儀的列傳，司馬遷在《史記》中記載張儀、蘇秦這些人，是把戰國時的資料，將時間、年代、地點，編起來寫成傳記。而在每個人的傳記後面，都有評語，所以司馬遷的《史記》，也等於是歷史哲學，等於是一個評論。

研究蘇秦時我們說過，張儀是蘇秦培養出來的，不過在這以前還有一段：張儀是魏國人，小的時候和蘇秦是同學，《史記》上寫他們跟鬼谷子「學術」。要注意這「學術」兩個字，他們並不是真搞什麼學問，學的是如何拿到功名，很講現實的一套東西，就是權變之術。在讀書的時候，蘇秦自己認為不及張儀，《史記》上只記了這樣一筆，沒有說為什麼不及張儀。後來看了張儀傳，找出一個答案，張儀的出身，比蘇秦好一點，所以有點太保脾氣，比較豪放，耍得開的人。蘇秦後來得志以後，張儀並沒有得志，環境比較好一點的人，進取心就差一點。所以讀歷史讀多了，對於一個人的成功，會感到很奇怪的，有許多人的成功，連他自己本來都沒有這樣的想法，但卻硬是有機會逼得他走上成功的路線。正如隋煬帝吹的牛：「我本無心求富貴，誰知富貴逼人來。」這就看出一個人如果沒有環境的刺激，反而容易墮落。以張儀、蘇秦兩人比較，張儀就是如此，等蘇秦得志了，張儀還在悠哉遊哉，在一個當楚國宰相的好朋友家裏，作第一等賓客，手面也很大，隨便花錢，蠻不在乎，一般人看他吊兒郎當，好像品行不很高。有一天這位宰相家裏掉了白璧，宰相家裏的人懷疑是張儀拿的，把張儀綑起來打個半死。回到家裏，太太就說他，這冤屈都是讀書讀來的，如果不讀書，就沒有這種事。張儀當然受傷很重，他看見太太這樣難過，就問自己的舌頭有沒有壞，太太告訴他舌頭當然在，張儀就安慰太太不要緊，只要舌頭還在，就沒有關係。我們曾經看了〈張良傳〉中說的：「以三寸舌為王者師」，這句話也等於說：只有吹牛不犯法。但據我們的經驗，只有吹牛的成本最大，其次吹牛的對象更難找，因為能聽吹牛的人，比吹牛的人還要高，諸葛亮會吹，劉備會聽；張良會吹，漢高祖會聽。沒有對象，再吹也沒有用。「三寸舌為王者師」，所以張儀說只要舌頭在就不怕。等到傷好了，聽朋友的勸，才去找蘇秦。

刺激的教育

這時蘇秦已經了不起，可是蘇秦自己心裏有數，知道所玩的一套不是真的道德，也不是真的政治，為了個人的功名富貴而把世界各國玩弄成這個樣子。這個我們要注意，今日的季辛吉內心是不是也有這樣的動機，值得研究。不過有兩種看法，季辛吉以前的確有著作，曾經有一個留美的同學，回來跟我說，季辛吉這一套當然會失敗，可是他著作中的理論可能不會失敗。另外也有人說，季辛吉大概準備把美國搞垮，因為他是猶太人。這都是推測的話，不去管它。話說回來，蘇秦知道自己的西洋鏡要拆穿的，如果被拆穿就不得了，必須要製造出一個敵人來，他當時的敵人是秦國，不需要另外創造，可是又有誰能去秦國說動，來和自己的計劃對抗？他心裏想到只有張儀，而剛好這時張儀來了，於是我們上次講過的，蘇秦就想辦法刺激他。由此我們看到，一個環境好的青年，有本事，可是懶，不肯動，非要刺激他到沒有辦法的時候，他才去幹。

山梁雌雉　時哉！時哉！

再說張儀到了秦國以後，所說的一套，就是《戰國策》裏這篇〈張儀說秦王〉。

我們看這一篇文章，除了瞭解這些歷史經驗以外。其中紀錄的許多觀點、思想，對於我們現在的時代、國家、世界，乃至於個人，有很多值得參考的地方，須要注意。其次張儀去看的秦王，也就是蘇秦所去看的秦惠王。蘇秦去看他，兩個人談不攏，再讀書以後，就不再去看他，想個辦法，使太行山以東的國家，聯合起來抗秦，把秦國孤立起來，沒有辦法左右當時的國際局勢。現在張儀來看秦惠王，國際的情勢變了，和蘇秦來的時候不同，這時惠王正需要這樣一個人的時候，剛好張儀到了。

「張儀說秦王曰：『臣聞之：弗知而言為不智；知而不言為不忠。

為人臣不忠當死；言不審亦當死。雖然，臣願悉言所聞，大王裁其罪！』」

這一段，有一點我們要注意，即使不研究法家的韓非子，至少要看《史記》上韓非子的傳記。韓非子再三提到一個重點——「說難」，人與人之間說話最難，尤其藉言語溝通政治上的思想，就更為困難。這一段裏，也就反映了這一個重點，在文字的表面上沒有什麼了不起，實際上是一個重點。第二點從這一段裏，我們看到要學習說話的藝術，像張儀這開頭的三句話。首先提出實際上不知道而亂講的，這是不聰明。第二是知道了不講的，就是不忠，對你不忠的人應當死。第三是知道了，又講了，但講得不詳細、不清楚，也該死。實際上他的意思是我要詳詳細細說給你聽，你不要不耐煩，一會兒看錶，一會兒又說要開會，但是他不便也不能這樣直說，所以說反面話，如講得不詳細不清楚當死。最後還加上一句，我雖然據我所知道的，利害得失全部說給你聽，但是如果錯了，甘願領罪。他這麼一說，如真說錯了，秦王也不好意思責怪他了。他短短幾句話，什麼都講到了，這就是說話的藝術。而後言歸正傳。

「『臣聞：天下陰燕陽魏，連荊固齊，收餘韓成從，將西南以與秦為難，臣竊笑之。世有三亡，而天下得之，其此之謂乎！臣聞之曰：「以亂攻治者亡，以邪攻正者亡，以逆攻順者亡。」今天下之府庫不盈，囷倉空虛，悉其士民，張軍數千百萬，白刃在前，斧質在後，而皆去走，不能死，罪其百姓不能死也，其上不能殺也。言賞則不與，言罰則不行，賞罰不行，故民不死也。』」

首先把國際局勢分析下來，所謂「天下陰燕陽魏」到「將西南以與秦為難」這一段的國際局勢，都是蘇秦的玩意兒，可是他絕不攻擊蘇秦，因為這時他已經知道是蘇秦培養了他。這個時代，就在蘇秦、張儀這兩個同學的手裏玩。

張儀說，他們這種合縱的形勢，「臣竊笑之」，我覺得可笑，你秦王放心，沒有什麼可怕。「世有三亡」，世界上有三個大原則，誰違反了這三原則之一的，就非亡不可，在個人非失敗不可。「而天下得之，其此之謂乎！」現在他們這個聯合國的組織——合縱的國家，已經犯了這三樣必定敗亡的原則。「臣聞之曰：以亂攻治者亡，以邪攻正者亡，以逆攻順者亡」，就是這三個條件。「以亂攻治者亡」是內在的，內政第一要清明。所以 蔣總統說的「攘外必先安內」，也是古話，根據法家的思想來的。「以亂攻治者亡」是同樣的道理，內部先求修明，張儀當時是指燕、魏、荊、齊、韓、趙這一邊，每個國家的內政當時都在亂，真正修明的政治還是在秦國，所以後來秦始皇能統一天下，並不是偶然的。有上代替他打好了政治基礎。由商鞅變法以後，內政一路建設起來的。

「以邪攻正」、「以逆攻順」的道理都是一樣。

他再分析天下的局勢，從「今天下之府庫不盈」到「其上不能殺也」這一節，原則上同今天東南亞的趨勢有點相像了。第一，他們這些國家，經濟不能獨立，後勤補給缺乏，經濟沒有弄好，把所有的有用人力，都放到前方去了，統統備戰。所謂「白刃在前，斧質在後」這八個字，我們不要只作文學上的欣賞，仔細研究起來，這就是戈矛時代的戰爭。在戰場上，拿短刀的兵站在前面，拿斧頭、長武器、重武器在後列。這八個字，就形容出了古代戰場上的陣勢。可是這些國家的軍隊，遇到真正發生了戰爭，會回頭就跑，絕沒有人冒死打仗。為什麼呢？「罪其百姓不能死也，其上不能殺也。」這要注意的。任何一個時代，任何國家，人民所以不會打仗，所以不肯盡忠，不肯犧牲，是有他的原因的，主要由於領導的錯誤。

政治上最重要的就是賞罰兩個字，賞罰兩個字也很難的，歷史上很多人在這兩個字上犯錯誤。將來統　中國，如果當主管，甚至當家長對孩子們的賞罰都要注意，都很難做得好。所以獎懲之間很難很難。張儀說，現在他們各國裏面，「言賞則不與，言罰則不行，賞罰不行，故民不死也。」說是要賞，可是不給，說的沒有用；對於處罰，也沒有徹底去執行。既然賞罰不能行，大家覺得馬馬虎虎，沒有責任感，所以就不肯犧牲打仗了。

他回過來說秦國：

「『今秦出號令而行賞罰，不攻無攻，相事也，出其父母懷衽之中，生未嘗見寇也，聞戰頓足徒裼，犯白刃，蹈煨炭，斷死於前者，比是也。』」

政治修明，命令貫徹，賞罰分明（這是商鞅變法以後，秦國政治完全走上法治制度的好處），許多秦國的年輕子弟，因為國家富強、環境舒適，從離開父母的懷抱起，就沒有見過敵人，一到了戰場精神就來了，一頓足會脫了衣服，光著膀子，看見刀子，都不怕，就是燒紅的火炭都敢踩上去，死了就死了，願意犧牲的人多的是。

秦國的老百姓為什麼會做到這樣？他說：

「夫斷死與斷生也不同，而民為之者，是貴奮也。」

斷死與斷生，在人的心理是絕對不同。「斷」就是斷然，就是決心。斷死是決心犧牲，斷生是決心求生投降，這兩種決心是絕對不同，而秦國的青年所以會斷死於前，是養成了一種戰爭責任感，不怕死的精神，能夠奮發，非犧牲不可，有個人的犧牲才有國家的強盛。因此秦國的士兵：

「『一可以勝十，十可以勝百，百可以勝千，千可以勝萬，萬可以勝天下矣。』」

張儀再說下去：

「『今秦地形斷長續短，方數千里，名師數百萬，秦之號令賞罰，地形利害，天下莫如也。以此與天下，天下不足兼而有也。是知秦戰未嘗不勝，攻未嘗不取，所當未嘗不破也。開地數千里，此甚大功也。』」

從一開始說到這裏，一路下來都是高帽子，好聽的，而又都是真實的。高帽子也不能亂送，秦王是一個當領袖的人，笨也不會笨到那裏去，所有的資料，他都清楚。換句話說，也就是張儀把秦國當時所處的國際情勢、政治環境、地理環境、軍事環境、一切準備，都分析清楚。最後，他說出一個秦國當前所應該採取的措施，實際上也就是張儀自己心理所希望造成的局勢。他說：

「『然而甲兵頓，士民病，蓄積索，田疇荒，囷倉虛，四鄰諸侯不服，伯王之名不成，此無異故，謀臣皆不盡其忠也。』」

在這裏我們就看到張儀處理思想的方法，古代所謂「以說動人主」，就是〈張儀列傳〉上說的，他問太太舌頭壞了沒有？他用嘴巴分析利害關係，非要打動對方的心不可。使他聽了這個話，非動情不可，認為有道理，非上這個當不可。歷史上常有一句話「揣摩人主之意」，當然「人主」是指帝王而言，以個人來說，作一個小單位的主管，也是一樣，下面總要慢慢摸你的意思，把你的個性等等都瞭解，這當然有正反兩方面的作用。

現在張儀把秦國的好處先講了，可是再看下去，我們看到蘇秦合縱——來一個「聯合國」以後，秦國是已經沒有辦法，很吃虧了。他說「甲兵頓」，國防的戰線拉得那麼長，國防經費那麼大，無法打仗，停在那裏，好比今天美國的情形。「士民病」，大家心理上都很困頓。經濟上「蓄積索」，慢慢空虛了，等於現代的美國，在韓國，在越南，打不准勝利的仗，錢都打光了。「田疇荒」，國內的農業、工業、生產都荒廢了。「囷倉虛」，國庫都空虛了，結果弄到四鄰的諸侯不服，外面的同盟國家並不服你的氣，你想稱霸於天下是不可能的。我們讀了這段書，看出就是蘇秦這樣一個書生，在七八年之間，把秦國弄成這個窘態。同時我們也可以瞭解現代，美國人到今天為止，就是這個情況。當時張儀告訴秦王，秦國所以到這個地步，就是左右的文臣武將，沒有真正盡心貢獻意見所致。

引用歷史的經驗

他話說到這裏，就引用過去歷史的經驗，告訴秦王：

「『臣敢言往昔：昔者齊南破荊，中破宋，西服秦，北破燕，中使韓魏之君，地廣而兵強，戰勝攻取，詔令天下，濟清河濁，足以為限；長城鉅坊，足以為塞。齊五戰之國也，一戰不勝而無齊。故由此觀之，夫戰者，萬乘之存亡也。』」

張儀在這個時候，要挑起戰爭。他希望秦國出戰，但沒有直接教秦王非打不可，他只拿歷史的經驗來說，提到齊國。研究這一段歷史要注意的，秦是在西邊，齊國是介於現在山西與山東之間，他說歷史上齊國稱霸的時候，那麼了不起，四面攻破了各國，一個命令下來，國際上都聽他的。南有濟水黃河，北有長城作防線，像這樣一個平原國家，各方面受敵，只要一次大敗仗，齊國就完了。他那個國家的命運註定非打勝仗不可，由此可以看到戰爭的重要。這段話張儀是挑動秦國非打不可。

「『且臣聞之曰：削株掘根，無與禍鄰，禍乃不存。』」

這是普通作人的道理，國事也同個人的事一樣，農業社會人人都知道的比喻，砍去一棵樹要挖根才澈底，但不要碰到旁邊的樹，如把旁邊的樹根也挖掉，就成問題，這個禍就闖大了。這是中國農業社會的老話，也是作人的道理，凡事挖根要澈底，不要留下禍根，但是對於與此事無關的部分，不要輕率的去傷害，傷害了就闖禍。

張儀接著就指出秦國當時的近代歷史：

「『秦與荊人戰，大破荊，襲郢，取洞庭、五都、江南，荊王亡奔，走東伏於陳。當是之時，隨荊以兵，則荊可舉，舉荊則其民足貪也，地足利也，東以強齊、燕，中陵三晉，然則是一舉，而伯王之名可成也；四鄰諸侯可朝也。而謀臣不為，引軍而退，與荊人和。今荊人收亡國，聚散民，立社主，置宗廟，令帥天下西面以與秦為難，此固已無伯王之道一也。』」

這一段是批評秦國的不對，軍事策略上的錯誤。他說你們一度和荊國作戰，破了荊國，拿下了郢——現在武漢以北一帶，取下了洞庭、五都、江南，一直到達現在安徽這一帶了，荊王也逃亡躲到陳國不敢出來了。當這個時候，如果秦國一路追擊下去，則整個荊國可以拿下來，拿到了荊國，則秦民可貪，地可利，進而影響東面的齊國、燕國都可以控制了。中間可以駕凌趙、魏、韓等三晉地，你秦國就可以一戰下來稱霸世界（以現在來比，等於當年韓戰麥克阿瑟的主張，打垮北韓，通過鴨綠江，繼續前進，是同樣的觀念）。結果你秦國的決策不這樣做，反而引軍而退，打有限度的勝仗，跟荊人談和了。結果，荊人又慢慢恢復了，強起來了，又變成了你秦國的敵人。所以第一個錯誤就犯下去，不能作聯合國的盟主——成伯。

研究這一段書，我們就感到，歷史雖然已為陳跡，卻足以發人深省。我們讀這一段歷史，再看看國際的現勢，美國在對北韓，對北越的戰爭，犯了與這裏所說一樣的錯誤。

他講秦國的第二個錯誤：

「『天下有比志而軍華下，大王以詐破之，兵至梁郭，圍梁數旬，則梁可拔。拔梁則魏可舉，舉魏則荊趙之志絕，荊趙之志絕則趙危；趙危而荊孤；東以強齊燕，中陵三晉，然則是一舉而伯王之名可成也；四鄰諸侯可朝也。而謀臣不為，引軍而退，與魏氏和。令魏氏收亡國，聚散民，立社主，置宗廟，此固已無伯王之道二矣。』」

我們拿這一段歷史的經驗，看看今天的越南（時為民國六十四年四月），又投降了。張儀說，你秦國有一次在北方的戰爭，已經打得很好，你已經打到了梁國，把梁的城郭包圍起來，已經可以把它拿下來了，拿了梁，魏國就站不住了，得到了魏國，荊、趙就不會有鬥志。趙危，荊孤，一直下來，也可以稱霸天下（這要注意，沒有說統一，不像後來秦始皇要消滅人，這是只想稱霸）。結果你秦國的謀臣又是不准打完全勝利的戰爭，撤兵回來，和魏國講和，魏國又壯大起來。

第三點，張儀談到秦國的內政：

「『前者穰侯之治秦也，用一國之兵，而欲以成兩國之功。是故兵終身暴靈於外，士民潞病於內，伯王之名不成，此固已無伯王之道三矣。』」

張儀說穰侯（秦國的權臣）當政的時候，內政上兵力用得太過分，想用一國的兵力完成兩國的事，於是服兵役的人，終身奔波於外，國內的工商業衰落了，農村破產，這是第三點的錯誤。

接著指出秦國的謀臣太差勁，如美國的參、眾兩院，季辛吉、費正清這些人，都是美國現代的策士。

「『趙氏中央之國也，雜民之所居也。其民輕而難用，號令不治，賞罰不信，地形不便，上非能盡其民力，彼固亡國之形也，而不憂民氓，悉其士民，軍於長平之下，以爭韓之上黨，大王以詐破之，拔武安。當是時，趙氏上下不相親也，貴賤不相信，然則是邯鄲不守，拔邯鄲，完河間，引軍而去，西攻修武，踰羊腸，降代、上黨，代三十六縣，上黨十七縣，不用一領甲，不苦一民，皆秦之有也，代，上黨不戰而已為秦矣，東陽，河外不戰而已反為齊矣，中呼，池以北戰而已為燕矣。然則是舉趙則韓必亡，韓亡，則荊、魏不能獨立，荊、魏不能獨立，則是一舉而壞韓蠹魏挾荊以東弱齊燕，決白馬之口以流魏氏，一舉而三晉亡，從者敗，大王拱手以須，天下徧隨而伏，伯王之名可成也，而謀臣不為，引軍而退，與趙氏為和。以大王之明，秦兵之強，伯王之業，地尊不可得，乃取欺於亡國，是謀臣之拙也。且夫趙當亡不亡，秦當伯不伯，天下固量秦之謀臣一也。』」

趙氏是現代河北山西一帶靠北面地方，在當時是中央之國，「雜民之所居」，這問題很大，講到歷史要特別提出來研究的。

雜民所居的地方，政治上很成問題，如歷史上自漢朝以後，有一個魏晉南北朝，這時都是外來的民族。因為漢朝自高祖以來，三四百年間，對西北的外來民族，始終沒有辦法，因此形成了以後南北朝兩三百年間漢族與外來民族的紛爭。到了唐代的時候，唐太宗那樣了不起的人，對於邊疆問題沒有辦法解決，漢唐兩代，對外來民族，唯一的辦法，就是靠通婚來羈縻，都是靠「和番」政策。所以唐末直到後來五代時候，就是雜民之所居，發生了變亂。

那麼是不是雜民所居不可以？不是不可以，血統的交流不是不可以。問題在於有很重要的一點，古人始終不知道的，在孔子思想裏有這一點，不過表達得不很具體，就是「文化的同化」這點古人不知道。假使唐代就知道了文化是政治戰的一個最大的力量，那中華民族今天的國勢，還不止是這樣而已，很可能西面已經到了歐洲。其次要注意的，近代東西方文化思想溝通以後，大家都知道了這一點，所以各國之間，在侵略別國以前，先作文化的侵略，最後消滅一個國家，也是靠文化。像第二次世界大戰時，日本人知道了這一點，所以他每佔領了一個地方，一定要當地人說日本話。他不像元朝的蒙古人，也不像漢代、唐代的外來民族，進了中國跟著說中國話，乃至把歷史文化都改變。文化雖是看不見的東西，但是力量很大。現在我們知道戰爭中包括心理戰，也非常重要，文化戰還是口號，沒有具體的東西拿出來，尤其現在我們在提倡文化復興，我個人的觀點，我們的文化是在衰落。像我們手邊拿來研究的東西，就是真正中國文化之一，而且是非常有用的，但是卻只有少數人去看它。

這是由「雜民之所居」一句所引出來的感想，提出來值得大家研究和注意的。

張儀在當時講到「雜民之所居」的地方，「其民輕而難用」，這句話又引起我一個感想，希望大家要讀一部書——《讀史方輿紀要》，裏面對每一省、每個地方的民風習性講得很清楚。山川形勢、風俗產物，都很詳盡，現在也沒有脫離這個範圍，很值得注意。在政治作戰、心理作戰、文化作戰上，非常值得參考。

張儀這裏講的所謂「輕而難用」，就是豪邁，容易衝動，一句話不合就打起來了。在這種地方，就要瞭解他們這種民風習性，這並不是他們的缺點，如果摸清了他們這種個性，政治上就好辦了。像雜民所居的這種地方，有時候專談法治很難辦的，他們往往講義氣，話說對路了，人作對了，他就聽你的，如果全跟他談法，不一定好辦。

他再分析趙國的地形也不便利，是亡國的地形，可是趙國在這麼不利的情形之下，仍舊出兵打仗（例如後來秦國大將白起與趙國長平之役，坑趙卒四十萬的故事）。張儀所講這一段都是講當時秦國的政策，批評秦國當時的這班謀臣沒有盡心負責任。他繼續說：

「『乃復悉卒，乃攻邯鄲，不能拔也，棄甲兵怒，戰慄而卻，天下固量秦力二矣。軍乃引退，并於李下，大王又并軍而致與戰，非能厚勝之也。又交罷卻，天下固量秦力三矣。內者量吾謀臣，外者極吾兵力，由是觀之，臣以天下之從，豈其難矣！內者吾甲兵頓，士民病，蓄積索，田疇荒，囷倉虛；外者天下比志甚固，願大王有以慮之也。』」

一口氣批評下來，結論說到外面的人，看你內在的謀臣，外在的兵力，到底有多大力量，都看得清清楚楚，現在你國內是這樣的情勢，而各國又聯合起來，你秦王應該多多考慮了。

然後張儀提出建議，先以武王伐紂的歷史經驗來作比方。說動秦惠王，最後的結論，竟以自己的頭顱來堅定秦惠王的信心，可見他的會說話，也可見他用心之深和求信之急了。

「『且臣聞之，戰戰慄慄，日慎一日，苟慎其道，天下可有也。何以知其然也？昔者紂為天子，帥天下將甲百萬，左飲於淇谷，右飲於洹水，淇水竭而洹水不流，以與周武為難。武王將素甲三千，領戰一日，破紂之國，禽其身，據其地而有其民，天下莫不傷。智伯帥三國之眾，以攻趙襄主於晉陽，決水灌之，三年城且拔矣。襄主錯龜數策占兆，以視利害，何國可降？而使張孟談，於是潛行而出，反智伯之約，得兩國之眾，以攻智伯之國，禽其身，以成襄子之功。今秦地斷長續短，方數千里，名師數百萬，秦國號令賞罰，地形利害，天下莫如也。以此與天下，天下可兼而有也。臣昧死，望見大王，言所以舉破天下之從，舉趙、亡韓，臣荊、魏，親齊、燕，以成伯王之名，朝四鄰諸侯之道。大王試聽其說，一舉而天下之從不破，趙不舉，韓不亡，荊、魏不臣，齊、燕不親，伯王之名不成，四鄰諸侯不朝，大王斬臣以徇於國，以主為謀不忠者。』」

現在把蘇秦、張儀這兩篇東西作一個結論。我們重複提出要特別認識清楚的一個重點：蘇秦、張儀當時的動機，是以自己個人的功名富貴為出發點，而把整個的國際局面，歷史的時代，在他們兩位同學的手裏擺布了約二三十年。他們並沒有一個中心思想，或政治上的主義。同時也可以說，當時一般領導人，並不接受任何中心思想或主義，對於道德仁義的中心思想都不管了，只認識利害關係。這一點對我們現在來說，是一個歷史的經驗，要特別注意。中國幾千年歷史，一個亂象，到了像戰國的末期，像南北朝的末期，像五代的末期，仁義道德沒有辦法發揮作用，沒人接受，這是什麼原因？當然有它的道理。譬如孟子，大家都讀過的。孟子不過比蘇秦、張儀早一點點而已，為什麼孟子到處講仁義，到處吃癟？為什麼蘇秦、張儀會那麼吃香？這樣比較下，就產生兩個觀點，在個人方面，我們就看到了孔子、孟子的偉大，他們對於蘇秦、張儀的這一套不是不懂，他們全懂，可是始終不願意引導人家走上這條路，始終要求人家講基本的德性，並不在乎自己個人當時的榮耀，這是孔、孟個人的了不起。第二點，我們看出了，當時的時代為什麼需要蘇秦、張儀的這一套，這就講到我們本身。我們現在兩副重擔挑在身上，一面要維持自己傳統文化的德業，政治的道德，人倫的道德，承先啟後，這是一副擔子。另一方面是要如何配合這個時代的迫切需要，而這個需要是講利害的，但在利害之中，要灌輸進去我們固有的道德文化思想，這就是我們今日的處境，是一個非常困難的處境，也許在一兩百年以後的歷史上，會寫我們非常了不起的好處，因為我們今日所挑的擔子，比古人挑的還要重，還要困難。所以我們讀了蘇秦、張儀兩人的傳記資料，瞭解了他們當時的歷史，拿來比較今天，就知道今天有如何的困難。因此大家有時間，不妨多讀《史記》《戰國策》這一類書，不要以為這是古書，已經過了時。如果不變成書呆子，在碰到事情的時候，發揮起來，非常有用處，透過了古書，更有助於現代情況的瞭解和進展。

長短縱橫

上面講到蘇秦、張儀的縱橫術，我國古代，看不起它。在中國古代稱用「術」的人是術士，並沒有被列入正式學者之流。現代卻什麼都是術了。縱橫術，也名鉤距之術，又名長短術。這種「術」的原則和精神，是我們今日所處的這樣國際局勢之中，所需要瞭解的。我們今日的外交，一切工作，都必須有這樣的精神和才具，抓得住別人的弱點，然後達到自己的目的，這是一個很高深的本事，可以說比做生意還難。昨夜看了一本書，裏面記載一段滿清的掌故說：山西有一戶很會做生意的人家，有次有一個顧客在討價還價，爭執得很厲害，老闆被逼得都生氣了，便說：「天下哪有一本萬利的生意，要想一本萬利，就回去讀書吧！」這人一聽這個話的確有道理，就立刻回去培養兒子讀書，後來果然他子孫好幾代都是很有才具的大臣。由這個故事的幽默感，也可以聯想到縱橫術是相當難的。

今天，我們用的資料是《長短經》，這本書大家也許很少注意到它，作者是唐朝人，名趙蕤，一生沒有出來作官，是一位隱士。有名的詩人李白，就是他的學生。如果研究李白，我們中國人都講李白、杜甫是名詩人，實際上李白一生的抱負是講「王霸之學」，可惜他生的時代不對，太早了一點，唐明皇的時代，天下是太平，到天下亂時，他已經死了，無所用處。趙蕤著的是《長短經》，就是縱橫術。這一本書在古代，尤其在滿清幾百年間，雖然不是明禁，因為是古書，沒有理由禁止，可是事實上是暗禁的書，它所引敘的歷史經驗，都是到唐代為止。後來到了宋朝，《素書》就出來了，以前也有，但宋朝流傳出來的《素書》是否即是漢時的原版，無從證明。到了明末清初，另一本書《智囊補》出來了，作者馮夢龍是一位名士，把歷史的經驗都拿出來了。我們如把《左傳》《國語》《戰國策》《人物志》《長短經》《智囊補》，以及曾國藩的《冰鑑》等等，編成一套，都是屬於縱橫術的範圍以內。長短之學和太極拳的原理一樣，以四兩撥千斤的本事，「舉重若輕」，很重的東西拿不動，要想辦法，掌握力的巧妙，用一個指頭撥動一千斤的東西。

人臣之道

這裏是自《長短經》中摘錄出來的一篇：〈臣行第十〉，就是如何作一個很好的大臣，換句話說如何作一個很好的幹部。《長短經》裏也有「君道」的論述，我們暫時保留。像最近很多人喜歡讀《貞觀政要》，裏面記載唐太宗當年治國的歷史經驗，它的重點屬於君道，是給皇帝的教科書，要他知道如何作一明君，所以望之不似人君的我們，還是先由臣道開始，把臣道學好。

這個臣行，所培養的幹部，可以說是最高的幹部，撥亂反正的幹部。他先把臣道分類來講，正臣六類，邪臣六類，相互作對比。

六種正臣的典範

「夫人臣萌芽未動，形兆未見，昭然獨見存亡之機，得失之要，豫禁乎未然之前，使主超然立乎顯榮之處。如此者，聖臣也。」

他分類出來的第一種是聖臣的典型，如《素書》裏所講的伊尹、姜尚、張良這些人，都可算是聖臣。這裏聖臣在上古屬於三公之流，坐而論道之事。他們的位置最高，等於現代國家最高的顧問，沒有固定的辦公室，也沒有固定管哪個部門。所謂「坐而論道」，並不是坐在那裏玩嘴巴吹牛，他們的作為就在本節所講「萌芽未動」這幾句話。天下一切大事，像植物一樣，在還沒有發芽的時候，態勢還沒有形成的時候，那就已經很明顯的洞燭機先，知道可不可以做。做下去以後，存亡、得失的機要，都預先看得到，把握得住。在火燒起來之前就預先防止，使他的「老闆」——領導人，永遠站在光榮的這一面。能夠做到這樣的，堪稱第一流的幹部，叫作聖臣。在歷史上這種第一流的幹部，都是王者之師。

「虛心盡意，日進善道，勉主以禮義，諭主以長策，將順其美，匡救其惡。如此者，大臣也。」

其次是自己很謙虛，每天幫助領導人做好事，貢獻他寶貴的意見，這種古代稱為「骨鯁之臣」，骨頭硬的大臣，自己馬上被免職沒有官作沒關係，但主要的在使領導人走上好的這一面，領導人不對的，就是說不對，歷代都有這種大臣。宋太祖之初有一位大臣去看皇帝，當時皇帝穿了睡衣在宮裏，他就背過身子，站在門外不進去。皇帝看見他站在門外，教侍衛去問他為什麼不進去，他說皇上沒有穿禮服，一句話把皇帝整得臉都紅了，趕快去換了代表國家體制的禮服出來接見他。雖然這只是一件小事，但這種骨鯁之臣則絕不馬虎，因為皇帝代表了一個國家。在清朝的實錄裏就講到，康熙自七歲登基，六十年的皇帝當下來，一天到晚忙得不得了，即使他一個人在房裏的時候，也從來沒有把頭上戴的禮帽摘下來，自己就如此嚴肅管理自己。所以一個真正好的領導人，對待自己非常嚴格，這是很痛苦的事，自己如果克服不了自己，而想征服天下，是不可能的。這裏講到的大臣，對領導人要「勉主以禮義」，要勸勉老闆守禮行義。「諭主以長策」，告訴老闆要眼光看得遠，作長久的打算，使他好的地方更好，壞的地方改掉，這個樣子，叫作大臣。

「夙興夜寐，進賢不懈，數稱往古之行事，以厲主意。如此者，忠臣也。」

其次，是為國家辦事，睡都睡得很少，起早晚睡，同時要「進賢不懈」，這情形歷史上很多，就是推薦人才。這件事在中國古代很重要，一個大臣如果不推薦人才，是不可以的。這一點就可以看到中國文化的政治道德，前輩大臣是用各種方法來培養後輩，予以推薦，而且有好人才就推薦，不可鬆懈停頓。「數稱往古之行事，以厲主意。」過去的大臣，都是深通歷史，如司馬光，著有《資治通鑑》，但他也是大政治家。他有一度被貶回家，後來皇帝有許多事情，要找他去談，他接到命令晉京，到了京城城外，老百姓聽說司馬相公蒙皇帝召見晉京，大家高興得跑到郊外去排隊歡迎他。司馬光看見這情形，問明白了原因，立刻往回走，不晉京了。這就是太得眾望了也不好，這就是司馬光作人小心的地方。同時，也就是中國文化與西方文化不同的地方，當榮耀來的時候，高興不要過頭了，過頭了就不好，花開得最好的時候，要見好便收，再欣賞下去，就萎落了。這裏是說作大臣要深通歷史，因為在歷史上有很多的經驗，可以引用來幫助領導人。

在清初，皇帝的內廷，有一個祖宗的規定，皇帝每天早晨起來，一定要先讀先朝的實錄，他們祖先處理政事的經歷。可見歷史的經驗，有如此重要，不管讀得多熟，每天要讀一下，以吸收經驗，啟發靈感。隨時以自己歷史的經驗來輔助皇帝的才是忠臣。

「或問袁子曰：故少府楊阜，豈非忠臣哉？對曰：可謂直士，忠則吾不知。何者？夫為人臣，見主失道，指其非而播揚其惡，可謂直士，未為忠也。故司空陳羣則不然，其談語終日，未嘗言人主之非，書數十上而外不知，君子謂陳羣於是乎長者，此為忠矣。」

這裏是以附註的形式，對「忠臣」作進一步的闡述。他說，有人問袁子說故少府楊阜不是忠臣嗎？而他答覆說，像楊阜這樣的人，只能稱直士，他行直道而已，算不得忠臣。楊阜是三國時的魏人，因打馬超時有功，封為關內侯，魏明帝的時候又升了官，這人有一個抱負，歷史上寫他「以天下為己任」，也就是說，「天下興亡，匹夫有責」的意思。因此歷史上寫他「敢抗疏」三個字。「疏」就是給皇帝的報告，「奏議」是建議，「奏疏」是與皇帝討論問題，「抗疏」就是反對皇帝的意見。楊阜是常常提抗疏，上面收到他這些意見，看是看了，但往往不大理，他看自己的意見不被採納，就提出辭官，但沒被批准，上面還是認為他很好。歷史上有一件故事，有一天他看到魏明帝，穿了一件便服，而且吊兒郎當，就很禮貌的告訴魏明帝，穿這樣的衣服不合禮儀，弄得皇帝默然，無話可說，回去換衣服。還有魏明帝死了一個最疼愛的女兒，發喪的時候，魏明帝下命令表示自己要送喪，這一下楊阜火了，他抗疏說先王和太后死了，你都沒有去送喪，現在女兒死了要送喪，這不合禮。當然楊阜的話是對的，魏明帝到底是人主，並沒有理他的反對意見。在歷史上這類故事很多。

《長短經》中，在這裏藉用他，對忠臣的意義，做一個闡述。他說像楊阜這樣的人，可稱為是一個直士，很爽直，有骨氣，但還不夠算作忠臣。什麼理由？作為一個大臣，發現領導人錯了，當面給他下不去。雖然指出他的不對是應該的，但方法有問題，結果是自己在出鋒頭而已。有如和朋友在一起，在朋友犯錯時，要在沒有第三者在場時，私下告訴他，不能當別人的面前說出來，給他下不去。而魏朝的另外一個大臣，司空陳羣這個人，是非常有名的，學問、道德樣樣都好。所以研究三國時的歷史，魏曹操父子之能夠成為一個正統的政權而維持了那麼久，不是沒有理由的，從另一個角度看，很有他的道理。在曹操父子的部下裏頭，有很多了不起的人，像陳羣就是有名的大臣，他就有忠臣的風度，他和高級的人員在一起的時候，從來不講上面領導人的錯誤，只是直接「抗疏」，送報告上去，指出哪點有錯誤，哪點必須改。但是他上了幾十個奏疏，有的是建議，有的是批評，而他的朋友同僚都不知道他上了疏，自己絕對沒有自我表揚。所以後世的人，都尊陳羣是一位長者——年高，有道德，有學問，有修養，厚道的人，這才是真正的忠臣。像楊阜只是行道的直士。其實，不但對領導人應該這樣，就是對朋友，也應該這樣。

「明察成敗，早防而救之，塞其閒，絕其源，轉禍以為福，君終已無憂。如此者，智臣也。」

智臣在現代的說法，是有高深的遠見，事先看得到，老早防著它的後果而採取適當措施。如最近越南的淪陷，就是美國沒有「早防而救之」。一個政策下來，只看成功的一面，一旦失敗怎麼辦？美國沒有顧慮到，這是不對的，要早防而救之。「塞其閒」，閒就是間，就是空隙。處理任何一事都必須顧慮周全，即使有百分之百成功的把握，總難免其中有一個失敗的因素，就要「早防而救之」，先把漏洞堵塞掉，把失敗的因素消滅了，把禍變成福，使上面領導的人，沒有煩惱、痛苦、愁悶。這就叫作智臣。

「依文奉法，任官職事，不受贈遺，食飲節儉。如此者，貞臣也。」

再其次，就是負責任，守律紀，奉公守法，上面交給任務，負責做到，盡自己的力量，不貪污，乃至送禮來都不受，生活清苦簡單，這種人是貞臣，廉潔之至，負責任的好公務員。

「國家昏亂，所為不諛，敢犯主之嚴顏，面言主之過失。如此者，直臣也。」

國家在昏亂的時候，對上面不拍馬屁，不當面恭維，而且當上面威嚴得很，生氣極了，誰都不敢講話的時候，他還是敢去碰，當面指出上面錯了的事，這樣就是直臣。

「是謂六正」。他首先提出來，聖臣、大臣、忠臣、智臣、貞臣、直臣這六種幹部，叫作六正。

恕臣之道

「桓範《世要論》」，桓範是南北朝時代的人，他的著作《世要論》，屬於縱橫術中的一部分，也是人臣的學問，所以講中國文化，我覺得尤其在這個撥亂反正的時代，統一中國的今天，這一部份很重要。這個時代，不是完全講四書五經，坐以論道的時候。當然我們需要以道德為中心，但是要知道做法，而這些做法多得很，可惜現在外面一般人都不研究。在這裏，就引據了《世要論》的話，應認清楚幹部。《世要論》說：

「臣有辭拙而意工，言逆而事順，可不恕之以直乎？」

有些幹部不會講話，講出來不好聽，可是當主管的要注意，他嘴巴笨講不出來，而他的主意可好得很，不要對那個嘴巴笨的幹部火大而不去聽，這就錯了。就有些人一肚子好主意，可是嘴笨講不好，而且他講出來的話，好像比毒藥都難吞下去，讓人聽了難受得很，開口就是：「不行！不對！」可是他的意見，對事情非常有利，這就要領導人有高度的修養，對這種幹部要瞭解清楚。要有體諒人的修養，瞭解他雖然不會講話，心是好的，也是直的。

「臣有樸騃而辭訥，外疏而內敏，可不恕之以質乎？」

天生人物，各個氣質不同，稟賦不一樣，有種人樸實得好像永遠是鄉巴佬的樣子，有一點近乎十三點的樣子，但不是十三點，大約只是十二點半。想想他真可愛，很樸實，但有時作人又多了那麼半點，但不是壞事，講話則嘟嘟囔囔講不清楚。這樣的人，看他的外表沒有什麼了不起，而腦子裏聰敏得很。當主管的人，對於這種人，就要瞭解他本質淳樸、聰敏的一面。

「臣有犯難以為上，離謗以為國，可不恕之以忠乎？」

這兩句話所指的，在歷史上的故事也很多，就是冒險犯難，臨危致命，可以撥亂反正的大才。如現代史上，在二次世界大戰初，希特勒橫征歐非，把世界擾亂得那麼嚴重的時候，英國人最初對邱吉爾不敢任用，因為邱吉爾是有名的「流氓」作風，鬧事專家，但是最後抵抗希特勒，還是靠邱吉爾，實際上邱吉爾就是「犯難以為上」的人。有些人天生的個性，喜歡冒險犯難，越困難就越有興趣去幹，教他作平平實實，規規矩矩的公務員，辦沒有什麼大困難的事，他懶得幹。「離謗以為國」，為了國家，可以忍受一切的毀謗，大家都攻擊他，他也不管。歷史上唐、宋、元、明、清歷代開國的時候，都有這樣的人物。像有許多人，被派到前方去艱苦中作戰，後方還有人向上面密報，說他的壞話。有些精明的皇帝，接到這種報告，連看都不看，原封不動的，加一個密封，寄到前方去給他自己看，也就表示對他信任，恕之以忠。

「臣有守正以逆眾意，執法而違私欲，可不恕之以公乎？」

許多人非常公正廉明，但有時候公正廉明卻受到群眾強烈的反擊。像當年在成都開馬路的時候，就發生這種事，當時群眾認為破壞了風水，大家反對，地方的勢力很大，所謂五老七賢，出來講話，硬是不准開。某將軍沒有辦法，請五老七賢來吃飯，這邊在杯酒聯歡吃飯的時候，那邊已經派兵把他們的房子一角拆掉了，等五老七賢回家，已經是既成事實。隨便大家怎麼罵法，而事情還是做了。等到後來馬路修成了，連瞎子都說，有了馬路走路都不用拐棍了。天下事情，有時要改變是很難的。有時必須「守正以逆眾意」，違反大眾的意思而堅持正確的政策，要有這個擔當，這就要諒解他這樣是為了長遠的公利。也有的時候，在執法上違反了自己的私欲，寧可自己忍痛犧牲，這都是難能可貴的。

「臣有不屈己以求合，不禍世以取名，可不恕之以直乎？」

有些人的個性倔強，要想教他委屈他自己的道德準則，違反他的思想意志，而去迎合某一件事，他死也不幹。還有一種「不禍世以取名」，這也是很難的，幾十年來現實的人生經驗，很少看到這種人。如果做一件事，馬上可以出名，個人可以成功，可是，結果將會為後世留下禍根，那麼他寧可不要成這個名，而不做這種事。要瞭解這種人是直道而行的操守。

「臣有從仄陋而進顯言，由卑賤而陳國事，可不恕之以難乎？」

有些人地位很低，可是他有見地，古今中外，這樣被埋沒的人很多。往往這類人提建議時，中間階層的人說他越級報告，非把他開革了不可。實際上有的人路子很窄，地位也不高，也沒有名聲，但能進賢言，有很好的意見提供給領導人，雖然他的地位很低，是一個很普通的人，而所提的意見，都是忠心為國。對於這種人，作領導人的要注意這是難能可貴的。

「臣有孤特而執節，介立而見毀，可不恕之以勁乎？」

這個「勁」就是「節」，古代往往兩個字連起來，「勁節」成為一個名辭。每以竹子來象徵，因為竹子是虛心的，筆挺的。有些人個性孤僻，不喜歡與同事、朋友多往來，有特殊個性與才能。大約有特別長處的人，都有特別的個性，看來很孤僻，這種人也有他的操守，不隨便苟同，超然而獨立。可是這種人，容易遭到毀謗，當主管的就要瞭解這種人是有特別節操的。

「此七恕者，皆所以進善也。」

上面曾經說了有六種正派一面的幹部，這裏就說到，當主管作領導人的，要對部下瞭解、體諒的七個恕道。換言之，作主管的如果不具備這七種恕道，就不能得到這六正的幹部。這點我們要注意了。人們常說歷史上的人才多，現在的人才少，並不盡然。正如曾國藩以及歷代許多名臣都說，每個時代到處都有人才，第一在自己能不能賞識，第二在自己能不能培養。即使是人才，也還要加以培養。沒有好的環境和有利的條件，才幹發揮不出來，人才也沒有用。所以六正與七恕，是君臣兩面共修之道。

反派臣道的形態

下面是另外一路的幾種臣道：

「安官貪祿，不務公事，與事沉浮，左右觀望。如此者，具臣也。」

這裏的具臣，和《論語》中所講的具臣又兩樣了。這裏說，有些人規規矩矩，安於那個官位，只要不出毛病，反正拿薪水，對於公事都辦，但並不特別努力，隨著時代的潮流，沉就跟著沉，浮就跟著浮，對現實把握很牢，隨世俗走，這樣也可以，那樣也可以，現代的名辭，「水晶湯圓」就是這種人，又透亮，又滾圓。這種人只是湊湊數的，聊備一員而已。

「主所言皆曰善，主所為皆曰可，隱而求主之所好而進之，以快主之耳目，偷合苟容，與主為樂，不顧後害，如此者，諛臣也。」

拍馬屁這一類的，歷史上這種人也很多，近代史中最著名的，有清朝的和珅，乾隆皇帝的嬖臣，就是這樣。對上面光是：「好的！是的！」這還不算，肚子裏還在打主意，隱隱地，暗暗摸清主管的毛病，愛好在那裏，然後投其所好。這種投其所好的人，也有他們的一套，一般人很難做到的。譬如說，一位主管，什麼都沒興趣，就是好讀書，於是諛臣這一型的人，也會裝著好讀書。所以上面仁義道德，下面滿堂都仁義道德。《韓非子》裏就有這樣的故事，齊桓公最討厭紫色的衣服，他問管仲該怎麼辦，管仲說這很簡單，你明天開始，見到穿紫衣服的走到面前，你就說臭得很，教他走遠一點，這就行了。齊桓公照樣做了，一個月以後，全國都沒有穿紫衣服的人。所以我們讀書要注意，一般人常引用曾國藩的話，社會風氣的轉變，在一二人的身上。但要知道這一二人不是你我。社會風氣就是如此。因此上面好什麼，下面跟著就是什麼，這是非常大的力量。這一類的人，只是討好領導人而已，偷偷摸摸，不走正道，專門巴結主管，往往因此害了這位主管，他也不管。這就叫作諛臣。

「中實險詖，外貌小謹，巧言令色，又心疾賢，所欲進則明其美，隱其惡，所欲退則彰其過，匿其美，使主賞罰不當，號令不行，如此者，姦臣也。」

這一段說到姦臣了，很明顯地說姦臣內心裏非常陰險，外表上看起來則小心謹慎，規矩得很。從歷史上看到，成功的作一個姦臣還很不容易。如歷史上說秦檜殺了岳飛，哪裏是秦檜殺的，宋高宗本來就討厭岳飛，秦檜只是迎合宋高宗的意思，代高宗承罪而已。大家都知道岳飛的口號：「直搗黃龍，迎回二聖。」這是岳飛不懂宋高宗的心理，以為直搗黃龍就可以了。迎回二聖以後，宋高宗怎麼辦？二聖一個是他父親，一個是他哥哥，二聖回來，宋高宗還當不當皇帝？第二點，岳飛當時才三十多歲，年紀太輕，偏要涉及內政。當時宋高宗還沒有立太子，而岳飛天天催高宗立太子，這在高宗的想法，認為你岳飛希望我快死嗎？而且這是我趙家的家務事，你在外面好好打你的仗就行了，可是岳飛偏要回來管這件事。固然岳飛是了不起的人物，書也不能說讀得不好，但是人生經驗到底不夠，他的老師硬是沒有教好他，這是「批其龍鱗」的事，不可以做的。秦檜就知道宋高宗這個心理，更主要的是兩個政策思想不同，一個主戰，一個主和，作風上不同，而岳飛遇害了。所以一個人要貫徹一個思想，很不容易。姦臣就是心存陰險，看起來很小心，很會說好聽的話，態度上討人喜歡，而最嚴重的是忌賢，好人他都妒忌，他要提拔的人，專門在領導人面前說他的好處，隱瞞他的缺點。對於真正的人才，他就在領導人面前，不表示意見，冷冷的態度，點點滴滴造成壞印象，就夠了。結果使上面的賞罰不當，該賞的不賞，甚至反而罰了，該罰的沒有罰，反而賞了，於是命令下去不能貫徹。這一類的，就是姦臣。

「智足以飾非，辯足以行說，內離骨肉之親，外妬亂於朝廷，如此者，讒臣也。」

讒臣和姦臣很相近，嘴巴壞得很，這種人很多，他的知識淵博，學問好，錯了的事，他總有辦法，或者以言辭理論，或以行為動作，把錯處掩飾過去，很會說話，硬能把人說服。而且他的才智論辯，可以把人家兄弟、父子之間，家屬的感情離間，同事相處，也挑撥離間，破壞感情，這是讒臣。

「專權擅勢，以輕為重，私門成黨，以富其家，擅矯主命，以自顯貴，如此者，賊臣也。」

像王莽一流，歷史上一些篡位的臣子，最後都到了這個程度，這種人就玩弄權了，用他的勢力，可以顛倒黑白，以輕為重，自己結成黨派，專門搞自己的事，乃至下假的命令，以達到自己的顯貴，這種人就叫賊臣。

「諂主以佞邪，墜主於不義，朋黨比周，以蔽主明，使白黑無別，是非無聞，使主惡布於境內，聞於四鄰，如此者，亡國之臣也。」

第六種是亡國之臣，他幫助老闆走上壞路，把錯誤都歸到老闆一個人的身上，實際上是部屬大家的錯誤。這一點，由歷史、由人生的經驗看，是非很難講，公務員沒有把事情做好，而老百姓都罵領導人。作領導人的確很可憐，下面常常陷主於不義。任何時代都是如此，工商時代也如此，這是一般人類的心理，很自然的，沒有辦法，這類人是亡國之臣。

「是謂六邪」，這種具臣、諛臣、姦臣、讒臣、賊臣、亡國之臣等是六種邪臣，不是正道的幹部。

防邪之道

下面再引證桓範的《世要論》。

「臣有立小忠以售大不忠，効小信以成大不信，可不慮之以詐乎？」

用人之難，人心之險詐，有些人小事忠得很，但他是藉此達到另外一個大不忠的日的。有些人小信一定好，而他是要完成他的大不信。所以要顧慮到，是不是真正的險詐。不過話又說回來，從歷史人生經驗上看到，有許多人他的才具本事，也是做小事一定盡忠，絕不是詐，並沒有存心騙人，也不是為了什麼大的反叛目的，這樣做了多少年，可是一把他放到大的職位上去就完了，他就不忠了。於是別人說此人施詐。但在我的看法不同，這是主管對於人才的看法沒有深切的瞭解。這種人在小位置上忠心，到了大位置上並不是不忠心，而是受環境的包圍，於是變壞了。這不是他詐不詐的問題，而是他這材料不夠坐那個大位置，等於很好的小吃館子，如果要他辦酒席大菜就完了。還有就是年齡的關係，這就是孔子的話，人老了「戒之在得」，年老了樣樣想抓，這個「得」字就出了毛病。這不能說他在年輕時的作風就是假的，因為年輕人不在乎，覺得自己還有前途，來日方長，有的是機會，所以就不至於貪得，年紀大了的人，覺得在世的日子短了，先弄一點到手吧，這一來就完了。這就是心理的問題。講修養，就是要把這種心理變化過來，能有這個氣質的變化，這才是真本事、真修養，這也並不容易。所以關於這一點，我對於古人的這個觀點，還是不同意，因為它講的是道理，沒有研究人的心理。人的心理，是跟著空間、時間在變更的。一個人真能修養到自己的心理、思想，不受環境的影響，不因空間、時間的變動而跟著變動，才稱得上是第一等人。但是世界上的人都作了第一等人，那第二等人誰去作呢？

（一笑）

「臣有貌厲而內荏，色取仁而行違，可不慮之以虛乎？」

這是說有些幹部在外表上看，脾氣很大，衝勁也很大，可是內在沒有真膽識，有些人在態度上看起來非常仁義，而真正的行為，卻與仁義相違背。就是說有的人在平日看起來，是蠻仁義的，但是真到了義利之間的關鍵頭上，要作一決定時，他就變得不對了。所以當主管的人，對幹部的看法、考核，要顧慮到是不是表裏如一，腳踏實地。

「臣有害同儕以專朝，塞下情以壅上，可不慮之以嫉乎？」

這個情形很多的，人類嫉妒的心理是天生的，一般人所謂的吃醋，好像男女之間相愛，女性的妒忌心特別容易表現，所以一般都說女性醋勁最大，其實男性吃醋比女性更厲害，而且不限於男女之間，男性往往發展到人事方面，諸如名利之爭、權勢之爭等等。譬如有些人名氣大了，就會有人吃醋，有的人文章寫得好了，就會有人吃醋了，字寫得好了也吃醋。乃至於衣服穿得好了，別人也會吃醋，甚至兩人根本不認識，也吃醋。這是什麼道理？這是高度的哲學和心理學，嫉妒是人與生俱有的劣根性。

不論上面領導的人，或者作人家幹部的人，對於這些都要知道的。人的心理，是這個毛病，有些人歡喜打擊同事，自己專權，於是擋住了下面的情形，同時使下面也不瞭解上面的意思。這都是出於妒忌心理，才發生了這些情形。所以當一個領導人的，聽到幹部當中甲說乙的話，乙說甲的話，都不能偏聽，而要儘量客觀的，要注意他們之間，是不是有妒忌的心理。

「臣有進邪說以亂是，因似然以傷賢，可不慮之以讒乎？」

挑撥、說壞話、害人的話就是讒言。這是古今中外一例的，譬如一個文人，尤其是學哲學、學邏輯的人，經常容易犯這個錯誤。邏輯學好了以後，非常會辯理，怎麼樣都說得對，死的可以說成活的，在理論上，邏輯上絕對通，但事實上不一定對。所以有些幹部，能言善道，很有文才，很有思想，專門發表邪說。這段文字上看「邪說」兩字，寫在這裏，明明白白，看起來很清楚，如果我們作了主管的時候，幹部進邪說，不一定寫文章，對於某件事情，他輕輕一句話，就聽進去了，中了他的邪說，亂了真理，他用一種好像是對的道理，而傷害了好人。所以當領導人的，就要顧慮到，是不是有讒言的作用。

「臣有因賞以償恩，因罰以作威，可慮之以姦乎？」

有些專權的人，他對他的部下有賞賜，並不是公正的賞，而是自己與受賞的人有關係，故意賣恩情給他。譬如小的單位主管，有考核權的，對於自己喜歡的人，就多給他分數，對於所討厭的人，儘管他有本事、有功績，還是設法扣他的分數。「因罰以作威」，以示權威。賞罰基於私心，這一類，就是姦佞之人，不公正。

「臣有外顯相薦，內陰相除，謀事託公而實挾私，可不慮之以欺乎？」

這種事情就很嚴重了，我們從歷史上的政治中，常常可以看到，有些幹部明明內心想要害某人，而表面上說某人的好話，但暗暗地把某人搞垮。謀事則冠冕堂皇，託之於公事上，實際上則挾了有私意，手段非常高明，這就是欺，古代所謂欺君罔上。我們看歷史，這種悲慘的故事實在不勝枚舉。

「臣有事左右以求進，託重臣以自結，可不慮之以僞乎？」

有些人，是靠領導人旁邊最親信的人，專走這個門路，服侍他們，搞得很好，由他們影響領導人，達到自己的目的。或者是找在領導人前面分量最重，言聽計從的人，託他們的力量，結交他們，以鞏固自己的權力與地位，這都是偽。

不過這種事，有時也很難定論，要看各人的運用。以近代史看，曾國藩、胡林翼就是走的這個路子，這是歷史上的兩段祕密，當然正史上沒有記載，而這種野史的記載，是真是假，暫且不去管它。

據說，清咸豐皇帝，所以知道曾國藩的大名，在太平天國一起來的時候，就教曾國藩在湖南練湘軍，是因為咸豐早就對他有了印象。最初曾國藩在京裏作官的時候，是在禮部作一個小京官，大約等於現在部裏的司長階級，還是附員一類閒差。他知道一個漢人，在滿洲人的政權裏作官，非走門路不可，於是他結交了穆彰阿，兩人感情很好，後來穆彰阿向咸豐保薦曾國藩，說他「膽大心細，才堪大用。」咸豐看到是穆彰阿的保薦，就答應了召見。後來果然咸豐在便殿召見曾國藩，他進去以後，便殿裏空空的，什麼都沒有，只是在上首位置，有一把皇帝坐的椅子，下面是一個錦墩。太監帶他進去以後，教他在便殿等候，他向皇帝的位置，行了三跪九叩首大禮以後，就規規矩矩坐在錦墩上等候，等了一個多時辰，皇帝始終沒有出來。最後一位太監出來通知他，皇帝今天有事，改天再召見，曾國藩只好對著空椅子三跪九叩首以後回去了。回去以後，穆彰阿馬上問他情形。曾國藩報告了經過，穆彰阿問他在便殿裏有沒有看見什麼東西？曾國藩仔細回想，除了皇帝的座位和錦墩以外，的確沒有另外看見什麼東西。穆彰阿聽後說：「糟了！」趕緊跑進宮裏，找到便殿當值的太監，送上紅包。結果打聽出來皇帝座位後面的牆上，掛了一張很小的字條，上面寫的是「大清歷代先皇聖訓」。穆彰阿就回來告訴了曾國藩，而且告訴曾國藩，他向皇帝保薦的話是「膽大心細」四個字，膽大是不易測驗，除非教他去打仗，而心細則可測驗的。果然過了幾天，咸豐又召見曾國藩問起這張大清歷代先皇聖訓的事，這時曾國藩當然答得不會含糊了。因而得到咸豐的讚許，把曾國藩的名字記下來，而曾國藩也由此因緣，成了清代的中興名臣，這是野史上的記載。

第二件事，是胡林翼的故事。當時的湖廣總督官文，是一個滿洲人。

清代的制度，因為始終有種族的觀念，所以當時打太平天國，也很麻煩的。當時的總督官文是一個糊塗蟲。有一天官文的第五姨太太作壽，胡林翼聽說是總督的夫人作壽，胡林翼身為巡撫，吩囑部下，不得不去，他本人雖然也可以不到，不過胡林翼還是去了。在總督衙門前，剛一下轎的時候，看到一個人身穿朝服，從裏面出來，一臉怒容，上轎走了。胡林翼打聽是怎麼回事，人家報告，這位官員很有骨氣，因為聽見總督夫人生日，前來作壽，到了以後，知道祇不過是五姨太的生日（當時多妻制，一人可以娶幾個太太，但元配以外的姨太太，是沒有地位，被人看不起的），所以沒有進去拜壽，上轎就走了。大家稱讚這位官員了不起，到底是讀書人，有品格，有骨氣！可是胡林翼把「馬蹄袖」一抹，投一張名卡，還是進去拜壽了。以胡林翼當時的聲望名氣，他親自前往拜壽，官文和他這位最得寵的最小姨太太，都高興得很。官文吩咐這個姨太太，第二天就去回拜胡林翼的老太太，拜胡林翼的母親為乾媽。從此以後，胡林翼打太平天國，就可隨便調兵。像胡林翼這種人，絕對是正派的人，但是為什麼這樣做？這就是權術，沒有辦法不如此做，要想事業成功，有時候也不能呆板的拘小節，問題在動機如何？他的動機絕不為私。如果不用這個方法，敵人打到門口了，還調不動兵，怎麼去打仗？所以在這種小事上就馬虎一點，反正母親收了一個乾女兒，總不吃虧。所以上面這句話：「臣有事左右以求進，託重臣以自結，可不慮之以偽乎？」也不是呆板的，要看實際的情形，如何運用，動機何在而定。

「臣有和同以諧取，苟合以求進，可不慮之以禍乎？」

有幹部「和同」，什麼是「和同」？這兩個字，本來出自老子的「和光同塵」，意思是說，一個修道的人，不要特別把自己標榜得了不起，要和普通人一樣，你修道者的光明也和普通人一樣。「塵」就是世俗人，社會一般人，塵市之間，大家都吃飯，而你一個人非要買包子吃，這又何必呢？將就吃一點就好了嘛。這本來是「和光同塵」的意思，可是道家這一思想，後來被引用，就變成「太極拳」——圓滑的觀念了，人說白的是黑的，我也馬馬虎虎說是黑的，跟着亂滾，也被稱作「和同」了。「諧」就是配合得好，相同得好，如唱歌、作詩的「諧音」。這裏是說，有些幹部圓滑得很，「太極拳」馬馬虎虎應付一下，只要配合主管的要求，什麼都來，只要對他自己前途有利的就幹，這種心理發展下去將來就是一個禍害。到了利害關頭，一點氣節都沒有，什麼事都可以做得出來。

「臣有悅主意以求親，悅主言以取容，可不慮之以佞乎？」

有的幹部只做上面老闆喜歡的事，專說老闆喜歡聽的話，以求得他歡心，取得他的親信。這種就是佞臣。

上面是《長短經》作者，對桓範《世要論》的引述。一個領導人，在防惡上，應該注意考慮到的九種原則、九個顧慮，也是人物的分類。該注意到的。

讀書千萬不要被書所困，一切的運用全在自己。像這一類的書讀多了以後，等於醫學的常識豐富了以後，連一杯水都不敢喝，深怕有傳染病；法律學多了以後，連一步路都不敢走，動輒怕犯法。而對於「九慮」這些東西看多了，連朋友都不敢交了。其實只要我們把握了大原則，相信少數人，不傷任何人，愛護所有人，凡事但求心安就好了。

忠奸之辨

下面是舉很多實例了。

這是一篇大文章，但是古人寫文章的分類，不像現在的觀念，現在寫文章的層次，往往是宗旨、要點、原則、引伸，古人則大異其趣。

「子貢曰：陳靈公君臣宣淫於朝，泄冶諫而殺之，是與比干同也，可謂仁乎？子曰：比干於紂，親則叔父，官則少師，忠款之心，在於存宗廟而已，故以必死爭之，冀身死之後，而紂悔寤；其本情在乎仁也。泄冶位為下大夫，無骨肉之親，懷寵不去，以區區之一身，欲正一國之淫昏，死而無益，可謂懷矣！《詩》云：民之多僻。無自立辟，其泄冶之謂乎？」

這裏是子貢和孔子問答的一段話（這段話在四書五經裏是看不到的，要在其他的書裏去找。所以真要研究孔子思想是相當困難的，我們不要以為看了四書五經，就懂了孔子的思想。有一本清人編的《孔子集語》，將孔子所講的話，如莊子等等引用孔子的話和有關的很多事，都收集在這裏，所以現在也可以走取巧的路線，看這本書，勉強可以把孔子一生，多瞭解一點，免得到處找資料）。

這段書我們暫且擱在這裏。要先瞭解一件事情：我們知道，春秋戰國在陳靈公的時候，有一個女人，後世稱她為「一代妖姬」，名夏姬，是當時的名女人，好幾個國家，都亡在她身上。據說她好幾十歲了都還不顯得老，許多諸侯都被她迷惑住了。她在陳國時，陳靈公和幾個高級幹部，就和夏姬宣淫於朝，於是陳國的另一位大臣泄冶，就向他們提出諫議，責備他們不應該這樣做。陳靈公自己理虧，對泄冶沒有辦法，就買通一個刺客，把泄冶刺死了。

這段書，就提到了這段歷史，有一天子貢問孔子說：泄冶的這個行為，同紂王時代的比干一樣，泄冶這個人，是不是可以說合於仁道？孔子說，這兩個人並不相同。因為比干之於紂王，在宗法社會，講私的方面，他們是皇親，比干是紂王的叔父，講公的方面，比干的地位是少師，等於皇帝的顧問。在宗法社會的政治制度下，他是為了殷商的宗廟社稷，所以他準備犧牲自己，所謂「屍諫」，希望自己死了以後，使紂王悔寤，所以比干當時的心情，是真正的仁。在泄冶就不同了，他只是陳靈公的部屬，地位不過是個下大夫，勉強比喻等於現代簡任初級的官位，並沒有私人血統上親密的關係。而陳國這樣一種政權，在孔子看來，是一個君子就應該掛冠而去，可是泄冶沒有這樣做，還在懷寵，以他這樣的地位，用區區一個身體，想要影響上面的昏亂，這是白死，也算不上忠，只是「懷」而已，他的胸懷裏，愛國家的心情，還是有的，至於說到仁道，卻並不相干。所以孔子引用《詩經》上兩句話：「民之多僻。無自立辟。」一般人當走到偏僻的狹路上去的時候，是沒有辦法把他立刻挽回的，泄冶就是不懂這個道理，方法不對，白丟了一條命。

這是引證一段歷史的經驗，說明部下與長官之間爭執時處理的方法。

「或曰：叔孫通阿二世意，可乎？司馬遷曰：夫量主而進，前哲所避，叔孫生希世度務，制禮進退，與時變化，卒為漢家儒宗，古之君子，直而不挺，曲而不撓，大直若詘，道同蟠虵，蓋謂是也。」

這是另一個歷史故事。漢高祖平定天下以後，最初是沒有制度的，每天上朝開會，文官武將和他吵，亂七八糟，簡直沒有辦法。而叔孫通本來是秦始皇時代的一個儒生，他為了要保持文化道統，也曾跟過楚霸王，意見行不通，後來跟隨漢高祖。而漢高祖也是拿讀書人的帽子當便壺用的，見讀書人就罵，所以叔孫通最初連飯都吃不上，什麼氣都受。有學生問起什麼時候才能達到保持文化道統的目的，叔孫通說不必心急，現在是用武力打天下的時候，用不著我們讀書人。

等到漢高祖平定了天下，他去見漢高祖，建議制定禮法。漢高祖這種人，在歷史上是真正了不起的領袖，個性固然強，可是別人有理由，他一定會聽。所以聽了這話認為有道理，問該怎麼辦？叔孫通於是說我替你擬訂計劃，建立制度。漢高祖立刻答應，教他去辦。幾個月以後，把所訂的制度禮儀「朝班」都演習好了，再請漢高祖出來坐朝，漢高祖一上朝，那種儀式，那種威風，真和當年打仗亂七八糟的不同，儼然是大漢皇帝的氣派。這時他這一舒服，才知道讀書人有這麼大的用處。

這裏是引證，當漢高祖還沒有起來，秦始皇焚書坑儒時，叔孫通有辦法自保；在秦始皇死了，二世接位以後，召集知識分子開會，問大家說，據說外面在造反，有沒有這回事？那些知識分子聽了以後，都說真話，說外面有許多人在造反，並勸二世改過，惟有叔孫通說，外面沒有造反，只不過是些小偷而已，是亂傳話說造反的。二世聽了叔孫通的話，認為很對，非常高興。可是叔孫通講過這個話，自己就溜走了，他知道秦朝這個政權沒有希望了。所以這裏提到叔孫通「阿二世」（阿就是阿諛，拍馬屁，阿曲，歪曲事實，將就對方的意思。所以古代一個知識分子，在寫文章時，都不隨便下筆，社會大家認為對，自己認為錯了，就不應該隨便跟大家的意見寫，如果跟著大家人云亦云，就是「曲學阿世」，違反真理。拍社會、拍時代的馬屁是不應該的，這是中國讀書人的精神），是一個知識分子應該的嗎？《長短經》的作者，於是引證司馬遷對這件事的批評，也就是他在《史記》上留給我們後人，對歷史的看法。

剛才說過了叔孫通對歷史的關鍵之舉，如「朝班」的制度，自漢代由他建立以來，雖然歷代各有不同的沿革，但一直到滿清末年，實行了幾千年。我們再從文化史的觀點來看，叔孫通是了不起的人物，自漢代以來，這幾千年當中，實際上的政治體制思想，一直受他的影響。所以司馬遷反對一般人對叔孫通小節方面的批評，他是從大處著眼下筆，他說叔孫通「量主而進」，從這句「量主而進」，我們就看到，王允說《史記》是一部「謗書」，毀謗漢朝的大著作，換句話說是毀謗歷史的大著作，但在當時不大看得出來。如用的字句，司馬遷是斟酌又斟酌，像「量主而進」這四個字，用得非常好。就是後世說的「良禽擇木而棲，良臣擇主而事。」好的鳥如鳳凰，絕不隨便落在一般樹上，一定落在梧桐樹上，否則寧願停留在半空盤旋，絕不下來。一個人則擇主而事，古代君臣、主僕的關係分得很清楚。「量主而進」就是測量測量老闆，跟隨他有沒有意義，前途有沒有希望。

「前哲所韙」，前輩的哲人——代表賢人、聖人、有道德學問的人，都認為這樣是對，是應該的原則。這兩句話八個字，已經把一般人對叔孫通的評論推翻了。

司馬遷再為這個「生」字作申論說：叔孫生希世度務——叔孫生的「生」字是「先生」的意思——就是說叔孫通在秦始皇這個時代，為了要繼承文化，不致中斷而留傳下去，希望有個好的社會，施行正統的文化，等到好的時代來了，好做一番事業，制定文化精神的體制。進退之間，他看得很清楚，在秦始皇這個時代，他沒有辦法，只好跟著時代變，並沒有完全依照古禮，所以他非常懂得適應時代的環境，以應變達到最後的目的，結果目的都達到了，他跟隨漢高祖，最初在漢高祖忙於軍事的時候，等於當個附員，閒的差事，拿一點薪水，維持最低限度的生活。到後來，他開創了漢朝的文物制度，成為漢代的儒宗。

司馬遷更進一步引申，古代所謂君子之人，「直而不挺」，像一棵樹一樣，世界上的樹都彎下去，只有這棵樹是直的，但這棵樹也很危險，容易被人砍掉，所以雖然直的，但有時軟一點而並不彎曲，自己站住。站住以後，在這種時代也是很難處的，不願意跟大家一起浮沉，就顯得特別，特別了就會吃虧，還要配合大家，但配合大家，和大家一樣又不行。在「致曲則全」的原則下，必須保持著一貫的中心思想。所以真正直道而行的人，就「大直若詘」，看起來好像不會講話。「道同蟉虵」，作人的法則，好像太極拳一樣，跟著混，而結果達成他的目的，這就是叔孫通的作法，結果他不但開創了漢朝四百年的制度，更影響了中國幾千年的制度。

這是說臣道的宗旨，一個人在時代的變化中間，為社會、為國家、為民族文化、為個人，要站住已如是之難，站住以後要達到一個為公的目的就更難了。

「議曰：太公云，吏不志諫，非吾吏也。朱雲廷詰張禹曰，尸祿保位，無能往來，可斬也。」

這裏又提出一個問題來討論。張禹是漢成帝的老師，當時正是王莽家族用權的時候，民間怨恨到極點，各處的報告，反應到朝廷的意見，都被張禹把它壓下去，不提出來。所以朱雲就當著皇帝的面，詰問張禹，說張禹對下面這麼多意見，不提出來報告皇帝，像死人一樣佔住一個位置，只想保住自己的官位，什麼事都沒做，使上下的意見都不溝通，應該殺了他。這是引述的一段歷史故事。

「班固曰：依世則廢道，違俗則危殆，此古人所以難受爵位。由此言之，存與死，其義云何？」

班固是依照司馬遷著《史記》的路子而著《漢書》的，他討論歷史，提出這個意見，認為作人處世很難，跟著社會時代走，就違背了傳統的道，違背了自己文化的精神；可是硬不跟著時代走，違背一般世俗的觀念，本身就危險，至少這一輩子沒有飯吃，會把自己餓死，這是事實。像電視節目，我們認為不好的，可是廣告收入好，我們認為好的，可沒有廣告了，電視公司就要喝西北風，也就是這個道理。所以中國的古人，想要請他出來作官，他不要，為什麼不要？為什麼清高？他既然出來，就要對國家社會有所貢獻，估計一下如果貢獻不了，又何必出來？所以就不輕易接受爵位了，這是古人。若是現代的人可不管這許多了，有人給一個顧問名義，也就掛上，儘管不拿錢，還可出名哩！時代不同了！古人傳統文化的觀念，如果擔任了名義，而無法有貢獻，就寧可不接受。那麼由這個道理看起來，推論下去，一旦面臨生和死之間的抉擇，有時候連這條命也要交出去了，就是說生與死之間的哲學的意義，該怎樣講法？

「對曰：范曄稱夫專為義則傷生，專為生則騫義，若義重於生，捨生可也；生重於義，全生可也。」

作者於是引用劉宋一位學者范曄說的話，他說一個人一天到晚，專門講文化道德義理之學，那麼連飯都吃不飽，謀生的辦法都沒有。但是如果專講求生，義理就堵住了。我們看看現在的人，為生活、為前途，什麼事情都可以幹，只要錢賺得多，都可以來。古人往往以義作為行事的準則，如果認為死了比活著更有價值，就可以一死；但有時候，作忠臣並不一定非死不可，中國的老話「留得青山在，不怕沒柴燒」，硬要留住這個青山。譬如被敵人包圍了，在生死之間，事實上生重於死，忍辱苟生，將來能夠做一番比死更重大，更有價值的事情，那麼不一定要死，全生可也。相反的，就非求死以全節不可了。

這個問題還沒有討論完，又提出一段歷史故事：

「或曰：然則竇武陳蕃，與宦者同朝廷爭衡，終為所誅，為非乎？」

漢代最有名的禍亂是宦官，明朝的禍亂也是宦官。我們中國歷史上的禍亂，差不多都離不開外戚、宦官、藩鎮三大原因。在漢朝就亡在外戚、宦官兩個因素上。王莽就是外戚。唐朝亡於藩鎮（權臣），明朝亡於宦官，魏忠賢這些人都是宦官。只有清朝對於這三個禍亂因素都防範得很嚴謹，宦官干涉了政治非殺不可，多說一句話都要被殺。清朝的實錄，雍正遵祖宗的規制，他有一個最喜歡的戲子，有一天這個戲子問雍正皇帝，揚州的巡撫是哪一位。雍正一聽發了火：「你怎麼問這個問題！」就把這個戲子推出去殺了！看起來雍正的手段毒辣，事實上問題很大。一個平常玩玩的戲子，居然問起地方的首長是誰，可見有人在暗中拜託了什麼事情。這還得了，固然處理得很嚴厲，但是看了歷史上這些關於宦官為害的可怕事情，非這樣辦不可。

事實上何必要當皇帝才如此，許多人都會有這類經驗，就是當上一個小主管，這類問題都來了。太太娘家的人，來說說話託個人情，你說怎麼辦？不答應，太太天天和你吵，難道為此和太太離婚嗎？這是內戚之累。或者跟了你很久的人，有事總要替他安頓安頓，這情形也和「宦寺」差不多。另外藩鎮，好比下面的科長、股長，作得久了，公事又熟，出些問題，真沒辦法。個人尚且如此，何況大的國家？

後漢時代竇武與陳蕃，兩個有名的人，以及明朝的有些大臣，硬是不賣帳，結果還是死在這班宦官手裏，那麼照前面的理由看起來，竇武、陳蕃這些人做得不對了嗎？

「范曄曰：桓靈之世，若陳蕃之徒，咸能樹立風聲，抗論昏俗，驅馳岨嶮之中，而與腐夫爭衡，終取滅亡者，彼非不能潔情志，違埃霧也。憫夫世士，以離俗為高，而人倫莫相恤也。以遯世為非義，故屢退而不去。以仁心為己任，雖道遠而彌厲，及遭值際會，協策竇武，可謂萬代一時也，功雖不終，然其信義足以攜持世心也。」

這段還是引敘范曄的話，來答覆前面的問題。讀過諸葛亮的〈出師表〉，就會知道漢桓帝、漢靈帝這兩個皇帝了，〈出師表〉上提到劉備最難過、最痛恨的，就是他這兩位老祖宗。這兩位漢代皇帝，和宋代的徽宗、欽宗父子一樣，宋徽宗作一個藝術家蠻好的，他的繪畫、書法都很好，可是命苦，當了皇帝就非變成俘虜不可。

范曄所說這個歷史的故事，舉出竇武和陳蕃這兩位後漢的名臣。當時發生了黨禍，他們兩人想挽回時代的風氣，但是陳蕃卻因竇武的黨禍案子而犧牲了。這裏范曄的論點是說，在桓靈這個時代，像陳蕃這種人，學問好，有見解，有人品，知識分子各個仰慕他，他個人所標榜的，已經樹立了風氣、聲望，成為一個標竿，對當時昏頭昏腦過日子的世俗抗議，他的那種思想、影響力，在最危險的社會風氣中、政治風浪中，像跑馬一樣，和那些明知道不對而又不敢說話的懦夫爭衡，結果把生命賠進去了。以他的聰明學問，並不是不能做到潔身自好，明哲保身，而是他不願意這樣做。因為他想要提倡倫理道德，人類的社會就要有是非善惡，他悲憫當時世界上的人，一些知識分子，看到時代不對了，儘管反感極了，而只是離開世俗，明哲保身，逃避現實，沒有悲天憫人之意，人倫之道就完了。所以他反對這些退隱的人，認為退隱不是人生的道理，於是他有機會可以退開，他還不走，而以「天下興亡，匹夫有責」的精神，以仁心為己任，明知道這條路是很遙遠的，還是非常奮發、堅定，所以一碰到政治上有改變的機會，就幫忙竇武，而把命賠上了。這樣的死，是非常值得的，以歷史的眼光來看，把時間拉長，把空間放大，他這生命的價值，在於精神的生命不死，萬代都要受人景仰，雖然他沒有成功，但是他的精神、正義足以作為這個世界的中心。

「議曰：此所謂義重於生，捨生可也。」

這裏的結論是，當覺得死了比活著更有價值，這個時候惟有犧牲自己。這是理論，這種理論想要真正變成自己的思想和觀念，則並不簡單。能在必要的時候付諸實施，更是難之又難。

上面的這些歷史故事，都是說「臣行」的，所謂臣行，也就是人臣的自處與處事之道。一個人做事對自己的立場要認識清楚。

下面繼續提出臧洪死張超之難的故事，討論他是不是可稱為義？臧洪死張超之難故事的原文，在這段文章的後面，用括號引述出來了。我們必須先瞭解這個歷史故事的實際經過情形，然後再說它的道理。在這裏大家一定會奇怪古人寫文章為什麼這麼彆扭，把論理的文字，寫在前面，而把所討論的歷史故事，寫在後面。這是因為古人認為這些歷史故事，每一個讀書人都知道了，假使先敘述故事，再論道理，在古代認為這是丟人的事，甚至認為作者看不起人，好像表示別人對歷史都不懂，只有他懂似的。因為中國古代讀書人，大多都對歷史典故很熟。現在可不同了，一般寫論文，都是東抄西抄一大堆，寫出來的意見，不是作者的，而是抄來的，這是古今之不同。其次，古人有時引述的歷史故事，在文章中等於現在文體的註解，所以放在正文的後面，這是我們對於古今文體需要瞭解的地方。我們是現代人，就走現代的路線，從後面讀起，先把這段歷史故事瞭解，等一下再回過來看它對這個故事的評論。

「昔廣陵太守張超委政臧洪，後袁紹亦與結友。及曹操圍張超于雍丘，洪聞超被圍，乃徒跣號泣，勒兵救超，兼從紹請兵。紹不聽，超城陷，遂族誅超，洪由是怨紹，與之絕。紹興兵圍之，城陷誅死。」

這是三國時的事。廣陵是現在的江蘇揚州一帶，張超是當地的太守，他把地方的政事交給了臧洪，後來袁紹也和他作朋友。有一次曹操在雍丘（現今河南杞縣）這個地方，把張超包圍起來。臧洪聽到這個消息，因為張超是他的朋友，又是長官，所以就光著腳，哭著到處替張超求救兵，一面自己也出兵。同時因為袁紹是朋友，也向袁紹求救兵，可是袁紹沒有理他。結果張超被曹操消滅了，全族都被殺了，臧洪就為這一件事情恨透了袁紹，而和他絕交了。朋友變成了冤家，於是袁紹又興兵圍攻臧洪，破城以後，臧洪也被殺掉了。

「議曰：臧洪當縱橫之時，行平居之義，非立功之士也。」

後來一般人討論這件事，就認為臧洪自己莫名其妙，頭腦不清楚，當三國那個時代，正是所謂縱橫時代，等於戰國時候一樣，是沒有道義的社會，談不到要為哪一個盡道義。立身於社會中，對當時的環境看不清楚，在縱橫的時代，而去講道德、講仁義，亂世中去講太平時候的高論，當然搞不好，這就是所謂：「居今之時，行古之道，殆矣！」在現在的時代，要想實行三代以上的禮樂之道，是走不通的。因此也可以看到孔子的思想，並不呆板，他教我們要趕上時代。「當縱橫之時，行平居之義，非立功之士。」就是對臧洪的結論，這樣做，如果想立功、立業，救時代、救社會，是辦不到的。

現在再回過來看《長短經》的作者，對臧洪這件歷史故事的評論，他首先提出問題：

「或曰：臧洪死張超之難，可謂義乎？」

假定有人問臧洪這樣為張超而死，夠不夠得上是義氣？於是他引用范曄的話：

「范曄曰：雍丘之圍，臧洪之感憤，壯矣！相其徒跣且號，束甲請舉，誠足憐也。夫豪雄之所趣舍，其與守義之心異乎？若乃締謀連衡，懷詐算以相尚者，蓋惟勢利所在而已。況偏城既危，曹袁方睦，洪徒指外敵之衡，以紓倒懸之會，忿悁之師，兵家所忌，可謂懷哭秦之節，存荊則未聞。」

范曄是說，曹操圍攻雍丘，消滅張超，當時臧洪為了朋友，到處請兵，可以說是一種壯烈的情操。而他赤了足，奔走號哭的行為真值得同情。因為英雄豪傑，在某種環境之下，對於是非善惡的取捨，與普通一般人的講究仁義，在心理上是兩樣的，（讀古書到這裏，要想一下，為什麼豪雄之所趣舍，其與守義之心異乎？）我們可以引用西方宗教革命家馬丁．路德的名言，「不擇手段，完成最高道德。」為了達到最高的主義，最高的理想，有時候內心儘管痛苦，也不得不作些小的犧牲。在平時作人也如此，假定現在朋友、同事之間，家庭有了困難，即使下雨下雪，沒船沒車，走路也得趕去幫忙。但到了一個非常的時候，自己有大的任務在身，那恐怕就不能顧全這個朋友之間道義的小節了。所以孔子說：「言必信，行必果。硜硜然，小人哉！」這個話就很妙了。孔、孟之道，總是教人忠信，講話一定兌現，做事一定要有結果，而孔子卻又說，這樣事事固執守信的，只是小人。這麼說來，是不是言不必信，講的話，過去了就算了呢？並不是這個意思。讀書最怕如此斷章取義，必須要看整篇，才知道孔子這幾句話的意思。也就是說，大丈夫成大功，立大業，處大事，有個遠大的目標必須要完成的時候，有時就不能拘這些小節，小節只是個人應做的事。如為國家民族做更大的事，個人小節上顧不到，乃至挨別人的罵，也只好如此。

另外一個觀念：

「若乃締謀連衡，懷詐算以相尚者，蓋惟勢利所在而已。」

在三國的時候，袁紹、曹操、張超這一班人，和任何亂世時代，據兵割地稱雄的人，都是一樣，有時雙方和平訂約了，有時候雙方又打起來，也和我們現代的國際局勢一樣，這是個非常時期。每逢一個非常時期，不要以為國際之間有道義信用，實際上都是在作戰，利害相同就結合，利害不相同就分手了。每個人都是在打自己的算盤，只要形勢上有需要，利害上有關係就做，這是當然的情形。在這樣一個時代中，如果這一點看不清楚，而去與人講道義，就只有把命賠進去了。更何況，像三國時候，那種地方軍閥互相割據的戰爭局面下，雍丘是一個非常危險、孤零零的偏僻地方，臧洪只知道自己的朋友張超被曹操毀了，以為袁紹也是朋友，去請袁紹幫忙，卻不知道曹操與袁紹之間，因為利害的關係，已經結合了。這就是說臧洪的頭腦不夠，對時勢分析不清楚，如何去做好這工作？他想借袁紹的兵，把曹操打垮，這是很危險的。像吳三桂借滿清的兵打流寇，結果就成了滿人的天下。再以中國的軍事哲學——《孫子兵法》的思想來講，不冷靜的先求「謀攻」的關鍵，只是感情用事，以個人忿恨的私見，影響到作戰的決策，頭腦就昏了，心理上情緒的悲哀、怨恨，是軍事學上的大忌諱。這不只是限於軍事，在工作上有時碰到緊急困難的時候，個人的情緒忿悁之中，特別要注意，必須把這種情緒先除去，然後才能夠冷靜，才能把事情分析得清楚，「謀定而後動」。而像臧洪這樣「徒跣且號，束甲請舉」，和以前戰國時候，吳楚之戰，楚被吳打垮了，楚名臣申包胥到秦國去請救兵，在秦庭哭上七天七夜的情形是一樣的。這樣對個人節操而言是對的，但對事情而言，這是沒用的，不能解決問題。這裏歷史的經驗告訴我們，個人作人的情操是一回事，處理事情的觀點、看法、智慧的決定，又是另一回事。如申包胥哭秦庭的故事，在他個人，是成了千秋萬世之名，但為楚國著想，借了外力秦兵去打吳國，前門驅狼，後門進虎，也不是好辦法，還沒有聽說過這樣能復國圖存的。

「或曰：季布壯士，而反摧剛為柔，髡鉗逃匿，為是乎？」

大家都知道一諾千金，是季布有名的歷史故事，這位先生是了不起的。他年輕時是一位非常有號召力的游俠之士，後來跟隨項羽，作戰非常勇敢。有一次把劉邦打垮了，追擊劉邦，差一點就可以砍到劉邦的馬尾。後來劉邦得了天下，最恨的也就是季布，所以懸重賞緝捕季布，同時下令，藏匿了他的要誅全族。在這樣嚴緝之下，季布就到山東一位大俠朱家那裏賣身作傭人。朱家一看見季布，就看出來了，把他收留下來。到晚上再把季布找來，做個別談話，要他說老實話。季布說，你既然知道了，就隨你辦，向劉邦報告，就可以得重賞乃至封侯。朱家當時就安慰他，絕對不會這樣做。同時告訴季布，這樣逃匿不是辦法，總有一天會被發現的。朱家本來就和劉邦部下多人很熟，於是去洛陽見夏侯嬰，這一班幫助漢高祖打天下的老朋友都宴請朱家，問他到洛陽有什麼事，當然，都知道他不想作官，也不會要錢。朱家就要他們轉告劉邦，季布這個人，年輕有為，是個將才，是個可以大用的豪傑之士。當年和項羽打仗的時候，季布追殺劉邦，是各為其主。項羽完了，就不必再視季布為仇敵，現在通令全國抓他，這樣逼迫，他被逼緊了，不是向南邊逃到南越，就是往北邊逃往匈奴（因為那時劉邦所統一的天下，只限於中原一帶，至於長江以南的兩廣、雲貴一帶，南越王趙佗，和漢高祖同時起來的，雖已稱臣，並未心服；北方的匈奴，也隨時要侵犯中國的）。這樣平白的送給敵人一名勇將，給自己增加一個最大的禍患，這又何苦？朱家來說，現在就為這事而來。這班大臣們向劉邦報告以後，漢高祖聽說是朱家來說的，就取消了通緝令，並且給季布官作。所以後來季布又成了漢朝的大將，而且非常忠於漢室。可是如果沒有朱家這一次出來說話，還是不行。而朱家說妥了這件事，仍然回山東過他的游俠生涯去了，不要功名富貴。所以俠義道的精神，在中國的歷史上始終是存在的。這裏是說，季布失敗以後，毫無辦法，英雄的豪氣都沒有了，變成窩囊，做苦工，頭髮鬍鬚都弄得亂七八糟，不該去躲藏的地方也去躲藏，偷偷摸摸過日子，這樣對嗎？以中國文化精神來說，一個真正的英雄壯士，失敗了就自殺算了。在那個時候說來，季布既是壯士，失敗後卻窩囊的過逃亡日子，這是對的嗎？

對於上面這種一般看法的問題，下面引用司馬遷的話作答案：

「司馬遷曰：『以項羽之氣，而季布以勇顯於楚，身屨典軍，搴旗者數矣，可謂壯士。然至被刑戮，為人奴而不死，何其下也？彼必自負其材，故受辱而不羞，欲有所用其未足也，故終為漢名將。賢者誠重其死，夫婢妾賤人，感慨而自殺者，非勇也，其計畫，無復之耳。』」

司馬遷說，當項羽與劉邦爭天下的時候，以項羽的那種力拔山兮的氣概，而季布卻仍然在楚國能以武勇，顯名於天下，每次戰役中，帶領部隊作先鋒，身先士卒，一馬當先，多少次衝入敵陣，奪下對方的軍旗，斬了敵方的將領，可說是一個真正的壯士。可是等到後來項羽失敗了，漢高祖下命令要抓他來殺掉的時候，卻又甘心到朱家那裏當奴隸，而不自殺。從這點看起來，季布又多麼下賤，一點壯志都沒有。其實，季布這樣做法，並不是自甘墮落，他是有自己的抱負，自認有了不起的才華，只是倒楣了，當初找錯老闆，心有不甘。所以當項羽失敗了，願意受辱，並不以為羞恥，因為還是要等待機會，發展自己的長處，所謂「留得青山在，不怕沒柴燒」，所以他最後還是成為漢代的名將。由他的經歷做法，就看出了他的思想、抱負，他覺得為項羽這種人死，太不合算。一個有學問、有道德、有見解、有氣派、有才具的賢者，固然把死看得很嚴重，但是所謂「死有重於泰山，有輕於鴻毛」，並不像一般小人物一樣，為了一點小事情，就氣得上吊，這種人的心理，覺得沒有辦法再翻身了，走絕路了，心胸狹窄，所以才願意去自殺；而懷抱大志的人，雖然不怕死，但還是要看死的價值如何，絕不輕易拋生的。

「議曰：太史公曰，魏豹、彭越，雖故賤，然已席卷千里，南面稱孤，喋血乘勝，日有聞矣。懷叛逆之意，及敗，不死而虜，囚身被刑戮，何哉？」

這段歷史是劉邦、項羽，作楚漢之爭的時候，魏豹和彭越這兩個人，有部隊，能作戰，是名將，有舉足輕重的威勢，他在楚漢之間，靠向誰，誰就獲勝。蕭何、張良、陳平，這幾個文人，卻用反間計，掌握了這些擺來擺去的人。但是魏豹他們，都是太保、流氓、土匪出身的，有如民國初年各地的軍閥，有的是販馬的、賣布的出身，可是他已經能席卷千里，南面稱王。力量穩固以後，帶了兵，喋血乘勝，天天都是他得意的時候。這種土匪、流氓出身，投機起家的分子，始終懷叛逆之意，始終不安分，這些人是唯恐天下不亂的，在亂世他們才有機可乘，才有辦法，社會不亂，他們就沒有辦法。等到失敗了，這種人不會自殺而寧願被俘虜，身遭刑戮而死，這又是什麼道理？

「中材以上，且羞其行，況王者乎？彼無異，故智略絕人，獨患無身耳，得攝尺寸之柄，其雲蒸龍變，欲有所會其度，以故幽囚而不辭云。此則縱橫之士，務立其功者也。」

像這樣的行徑，就是中等以上的人，都會覺得羞恥，而更高的王者之才，更不會這樣。如項羽失敗了，就以無面見江東父老而自殺了。但這些人失敗以後，不死而虜，落到身被刑戮的結果，沒有別的緣故，他們自視有智慧才略，所以願意被虜，希望將來還能夠上台，抓到兵權或政權，實施他的理想，雲蒸龍變（根據《易經》的道理，「雲從龍，風從虎」，當老虎來的時候，會先有一陣風過來，龍降的時候，一定先起雲霧。所謂雲蒸龍變，就是形容一個特殊人物出現時，如龍出現一樣，整個社會都會受影響而轉變），所以他們不願輕易犧牲，寧願被虜，而希望得到機會，能發展自己的抱負、理想。這就是賈誼所說的：「烈士徇名，夸者死權」的心理，只想自己如何建功立業為目標，而至於自己個人，受什麼委屈都可以，絕對不輕易犧牲。這也就是亂世多縱橫捭闔之士的功利主義。

「又〈藺公贊〉曰：『知死必勇，非死者難也，處死者難，方藺相如引璧睨柱，及叱秦王左右，勢不過誅，然士或怯懦不敢發，相如一厲其氣，威信敵國，退而讓廉頗，名重太山，其處智勇，可謂兼之矣！』此則忠貞之臣，誠知死所者也。」

這裏再引用司馬遷對藺相如的贊。「贊」是舊式文章的一種體裁，所謂「贊」、「頌」等等都是在一篇傳記後面的一個評論。司馬遷在〈藺相如列傳〉之後，評論的幾句話說，藺相如知道自己非死不可，如今日做敵後工作的人，最後可能就是死亡，明知道做這工作是死，而決心去做，這需要大勇。但是死本身並不是一件困難的事，而是對死的處理，對於這一下應該死或不應該死的決定，這一處理，不但要有大勇，還要有大智。所以在死以前，應該做怎麼樣的決定，這才是最難的事。現在藺相如在秦廷和秦昭王當面爭論抗衡的時候，不把和氏璧交給秦昭王，手上捧著和氏璧，眼睛看著柱子，準備自己碰上去，把自己的生命和那塊玉一起碰毀，回過頭來罵秦昭王和他的左右。而藺相如並沒有武功，那一種情勢的最後結果，不過是被殺頭而已，所謂除死無大事。可是，人在這種情形下，能做出這種決定來是最難的。一般人在這個情形下，一定是懦弱膽小，拿不出這種勇氣的。其實有時候，在某種情況下，膽子小，拿不出勇氣來，最後還是死，死了還挨罵。而藺相如這時，卻大發其脾氣，反而把秦昭王鎮懾住了。後來藺相如回到趙國，因這件事的功勞，官作得和廉頗一樣大，廉頗心裏不服氣，處處和他過不去，等於首相和大元帥不睦，但是藺相如不管廉頗怎樣侮辱，他都躲開。有人問藺相如為什麼這樣怕廉頗，藺相如告訴他們，一個國家如果文臣武將之間有了意見，國家就危險了。現在秦國不敢來打，就因為有我和廉頗兩個人在，如少了一人，國家就完了。後來這個話傳到廉頗耳裏，他心裏很難過，知道自己都在藺相如的包容之中，因此自己背根荊條去向藺相如跪下來請罪，而變成了好朋友。由此看藺相如的智慧、修養，真是智勇雙全。而《長短經》的作者，則引用司馬遷的這段贊辭，從另一個觀點批評說，像藺相如這種人，就是忠貞之士，對於應該在什麼時候、什麼地方、什麼事情上不怕死，對什麼事情應該不輕言犧牲，他都有正確的自處之道，這需要大智慧、大勇氣，並不是盲目的衝動。

「管子曰：『不恥身在縲紲之中，而恥天下之不理；不恥不死公子糾，而恥威之不申於諸侯。』此則自負其才，以濟世為度者也。此皆士之行己，死與不死之明效也。」

這裏是引用管仲的一段白來作評論。大家都知道管仲是齊桓公的名相，可是最初管仲是齊桓公的敵人，情形和季布與劉邦間的關係是一樣的。管仲本來是幫助齊桓公的勁敵也是兄弟公子糾的，管仲曾經用箭射齊桓公，而且射中了，只是很湊巧，剛好射在腰帶的環節上，齊桓公命大沒有死。後來齊桓公成功了，公子糾手下的人，都被殺光了。找到管仲的時候，管仲把手在背後一反剪，讓齊桓公的手下綁起來，自己不願自殺，而被送到齊桓公面前。因為他心裏清楚，有一個好朋友鮑叔牙，在齊桓公前面做事，一定會保他。齊桓公一看到他，果然非常生氣要殺他，鮑叔牙就對齊桓公說，你既然要成霸主，要治平天下，在歷史上留名，就不能殺他。鮑叔牙這一保證，齊桓公就重用了他（當然也要齊桓公這種人，才會這樣做），後來果然作了一代名臣。可是有人批評管仲，管仲就說：人們認為我被打敗了，關在牢裏，變成囚犯是可恥的，我卻不認為這是可恥的。我認為可恥的是，一個知識分子活了一輩子不能治平天下，對國家社會沒有貢獻。人們認為公子糾死了，我就應該跟他死，不跟他死就是可恥。但我並不認為這是可恥的，而我認為我有大才，可以使一個國家稱霸天下，所以在我認為可恥的，是有此大才而不能使威信布於天下，這才真正的可恥。

《長短經》的作者於是作結論說，像管仲這一類的思想，絕不把生死之間的問題看得太嚴重，因為他自負有才能，目標以對社會，對國家，對天下，濟世功業為範圍。所以上面所提的泄冶以迄於管仲的這些歷史經驗，都是說明知識分子，對自己一生的行為，在死與不死之間，很明白的經驗與比較。

「或曰：宗慤之賤也，見輕庾業，及其貴也，請業為長史，何如？」

這是說另外一個歷史故事：在〈滕王閣序〉裏，提到過宗慤這個人，「有懷投筆，慕宗慤之長風」，所說的宗慤就是這個人，他是劉宋時代人（歷史上的「宋代」分辨起來很討厭。宋有北宋、南宋。這個宋是唐代以後的宋朝，宋高宗南渡以後稱南宋，南渡以前稱北宋，是趙匡胤打下的天下，由趙家作皇帝；而劉宋則是南北朝時期，南朝的第一個朝代。因為這個劉宋的第一個皇帝，也是和漢高祖一樣由平民老百姓起來的劉裕，所以後世讀歷史，為了便於分別朝代，就對這晉以後南北朝的宋朝，稱作劉宋。而對唐以後的宋，有時則稱之為趙宋）。宗慤就是劉宋時代的人，在《長短經》裏只說他是宋代人，但因為作者是唐代的人，絕不可能說到後來趙宋時代的人，所以讀書的時候，萬一發生類似的疑問，就要把歷史的年代弄清楚。這裏說當宗慤還沒得志的時候，他的同鄉庾業，有財、有權、有勢，闊氣得很，宴請客人的時候，總是幾十道菜，酒席擺得有一丈見方那麼多，而招待宗慤，則給他吃有稗子的雜糧煮的飯，而宗慤還是照樣吃飯。後來宗慤為豫州太守，相當於方面諸侯，軍權、政權、司法權、生殺之權集於一身，而他請庾業作祕書長了，絕沒有因為當年庾業對自己那樣看不起而記仇，這就是宗慤的度量。

最近看到一篇清人的筆記上記載，有個人原來去參加武舉考試的，因為他的文章也作得好，所以同時又轉而參加文舉，但是這和當時的制度不合，因此主持文舉考試的這位著名的學官，大發脾氣。因為這時已經是滿清中葉以後，重文輕武，對武人看不起，這也是清代衰落的原因之一。在當時文人進考場的時候，那些武官是到試場為考生背書包的。所以這些學官對這個轉考文舉的武秀才看不起，教人把他拉下去打三十板屁股。可是他挨了打以後，還是要求改考文舉。這位學官盛氣之下，當時就出了一個題目，限他即刻下筆。這位秀才提起筆就作好了。這位學官終歸是好的，還是准了他考文舉。後來這個人官作得很大，升到巡撫兼軍門提督，等於省主席兼督軍又兼戰區司令官，他還是帶了隨從去拜訪當年打他屁股的這位學臺，而這位學臺心裏難過極了，一直向他道歉。他卻感謝這頓打激勵了他，並請這位學臺當祕書長。從這些地方我們就看到，小器的人，往往沒有什麼事業前途，所以說，器度很重要。而且人與人相處，器度大則人生過得很快活，何況中國的老話：「人生何處不相逢？」這段書就是討論宗愨對庾業的事情，該是怎麼個說法。下面引用裴子野的話：

「裴子野曰：『夫貧而無戚，賤而無悶，恬乎天素，弘此大猷，曾原之德也。降志辱身，挽眉折脊，忍屈庸曹之下，貴騁群雄之上，韓黥之志也。卑身之事則同，居卑之情已異。若宗元幹無怍於草具，有韓黥之度矣，終棄舊惡，長者哉！』」

他說一個人在窮困中，心裏不憂不愁；在低賤的時候，沒有地位，到處被人看不起，內心也不煩惱，不苦悶，這是知識分子的基本修養，淡泊於天命和平常，窮就窮，無所謂，而胸懷更偉大的理想，另具有長遠的眼光。只有像曾子、原憲這兩位孔子的學生，才有這樣的器度、修養和德性。再其次有一種人，「降志辱身」，倒楣的時候，把自己的思想意志降低，倒楣的時候就做倒楣的事，乃至身體被人侮辱都可以，頭都不抬，眉毛都掛下來，眼睛都不看人，佝著背，到處向人家磕頭作揖，在一批庸庸碌碌的人下面，忍受委屈。一旦得意的時候，則像在一些英雄的頭上跑馬似的。這就是韓信、黥布一流的人物，他們都是漢高祖面前兩位大將。黥布封為九江王，他在秦始皇時代作流氓，犯過法，臉上刺了黑字，所以名黥布，後來貴為九江王。韓信則在倒楣的時候，腰上帶了一把劍，遇到流氓，流氓罵他飯都沒得吃，沒有資格佩劍，迫他從胯下爬過去。後來韓信當了三齊王，那個流氓到處躲，韓信還把他請來作官，並且說當年如果不是這一次侮辱，還懶得出去奮鬥呢！最後漢高祖把他抓來的時候，本來不想殺他，還和他說笑話。他批評某某些人的能力只可以帶多少兵，漢高祖問他自己能帶多少兵，他說多多益善。漢高祖說：你牛吹得太大了，那麼我可帶多少兵？韓信說，陛下不能帶兵，可是能將將。韓信當時是把所有的同事都看不起。他對這些同事，也都是身為大元帥的，批評別人的那兩句名言：「公等碌碌，因人成事。」其實反省過來，包括我們自己在內，都是如此——「公等碌碌，因人成事。」這句話也形容出韓信在得意的時候，有如天馬行空，在一般英雄頭上馳騁。

由此看來，有的人不怨天不尤人，願意過平淡的生活，這是高度的道德修養，只有曾子、原憲這一類的人才做得到。但是有一類英雄也做得到，不得志的時候委屈，乃至一輩子委屈，也做得到，可是到得志的時候，就馳騁群雄之上，這就和曾子、原憲不一樣。而這兩種人，「卑身之事則同」，當不得志的時候，生活形態搞得很卑賤，被人看不起的那個情形，是相同的。可是處在卑賤時，這兩種人的思想情操，則絕對不同。一種是英雄情操，得志就幹，不得志只好委屈；另一種是道德情操的思想，卻認為人生本來是要平淡，並不是要富貴，所以「居卑之情已異」。

可是像宗慤（號元幹），是兼有這兩種修養的長處，當年庾業看不起他的時候，盛大的酒席招待朋友，卻招呼他在旁邊吃一碗雜糧飯，他並不覺得羞恥，吃飽了就好。因為他有理想，準備將來得志了大做一番，所以有韓信、黥布那樣的器度。而當他得志以後，還請庾業來作部下，把過去受辱的事都放開，真是一個長者之風。這個長者具有崇高的道德、厚道的心地，真是了不起。這是說與臣道有關的個人修養問題。

「世稱酈寄賣交，以其紿呂祿也，於理何如？」

這段歷史故事，是漢高祖死了以後，呂后想奪政權，把自己娘家的人弄上臺，而將漢高祖的老部下都撵掉了，是漢代歷史上很著名的一段危險時期。酈寄是漢高祖的一位祕書兼參謀酈商的兒子。後來周勃他們推翻了呂家的政權，恢復了漢高祖子孫的權位，這中間是一段很熱鬧的外戚與內廷之爭。在這一段鬥爭中，周勃他們，教酈寄故意和呂祿作好朋友。這時呂祿是執金吾，等於現代的首都戍衛司令；需先把呂祿弄開，否則這天晚上推翻呂家政權的行動就難於順利進行。所以這天就安排了由酈寄邀呂祿到郊外去玩，於是由周勃他們在首都把呂氏的政權推翻，接漢高祖的中子代王來即位為孝文皇帝。可是後世的人批評酈寄把呂祿騙出去郊外玩這件事情，在他個人的道義上說來，是出賣了朋友。那麼這個道理，究竟對不對，又該怎麼個說法呢？

「班固曰：夫賣交者，謂見利忘義也。若寄，父為功臣而執刼，雖摧呂祿，以安社稷，義存君親可也。」

班固是《漢書》的作者，他認為酈寄賣友的批評不對。所謂出賣朋友的交情，是為了個人的富貴利益，而忘了朋友的義氣，才是賣友。酈寄的父親幫助漢高祖打下了天下，而呂家把這個政權用陰謀手段拿去，這才是不對的。他能在這刼難之中，把呂祿騙出去，予以摧毀，他是為了國家，為了天下，這不是出賣朋友，只是在政治上，為了對國家有所貢獻，使用的一個方法而已。

「魏太祖征徐州，使程昱留守甄城，張邈叛，太祖迎呂布，布執范令靳允母，太祖遣昱說靳允，無以母故，使固守范。允流涕曰：不敢有二也。」

「或曰：靳允違親守城，可謂忠乎？」

這裏引用另一個歷史故事。靳允是三國時人，當時曹操帶兵去打徐州，命令一個大將程昱留守後方的重鎮甄城。正在這樣用兵的時候，曹操手下的另一員將領張邈又反叛了他，於是曹操這時只好親自迎戰呂布。這時在戰爭的地理形勢上，如果呂布把范城拿下來，就可以消滅曹操，所以呂布設法把守范城的首長靳允的母親捉來，想要脅迫靳允為了救母親而歸順自己。所以曹操也趕緊命令留守在甄城的程昱去遊說靳允，不必考慮母親的安危，要他固守范城這個地方。結果靳允被說動了，表示一定守城，決無二心。這裏就引這個故事，問起靳允這樣做法，算不算是忠。

「徐眾曰：靳允於曹公，未成君臣，母，至親也，於義應去。」

作者引用徐眾對這件事的評論作為答案。徐眾是說，當程昱去遊說的時候，靳允和曹操之間，還沒有君臣的關係，而母親是世界上最親密的直系尊親，在情理上，靳允是應該為了母親的安危而去，不應該聽曹操的話不顧母親而守城。

同時這裏進一步引用歷史上類似的故事，以說明這個道理。

「昔王陵母為項羽所拘，母以高祖必得天下，因自殺以固陵志，明心無所係，然後可得事人，盡其死節。」

這是漢高祖與項羽爭天下的時候，漢高祖有一個大將王陵，項羽為了要他歸順過來，於是把王陵的母親抓來，威脅王陵。而王陵的母親，已看出項羽會失敗，劉邦會成功，自己被軟禁後，知道王陵有孝心，一定不放心，會為母親而意志不堅定，因此自殺，留了一封遺書，教人偷偷送給王陵，囑他還是好好幫助漢高祖，堅定王陵的意志，使他一心為事業努力，心裏再沒有牽掛，可以全心全意去幫忙劉邦。

另一段故事：

「衛公子開方仕齊，十年不歸，管仲以其不懷其親，安能愛君，不可以為相。」

衛國的一位名叫開方的貴族，在齊國作官，十年都沒有請假回到衛國去。而管仲把他開除了，理由是說開方在齊國作了十年的官，從來沒有請假回去看看父母，像這樣連自己父母都不愛的人，怎麼會愛自己的老闆！怎麼可以為相！把他開除了。

所以這裏就上面的幾個故事，為靳允違親的事，作了結論說：

「是以求忠臣於孝子之門，允宜先救至親。」

能夠對父母有感情，才能對朋友有感情，也才能對社會、對國家有感情，人的世界到底是感情的結合，所以靳允是不對的，應該先去救母親的。

接下來，又舉了一個例子，就靳允違母守城這件事，作了另一個角度的結論：

「徐庶母為曹公所得，劉備乃遣庶歸，欲天下者，恕人子之情，公又宜遣允也。」

這個故事大家都曉得，曹操想用徐庶，把他的母親抓起來，以脅迫徐庶，使徐庶進退兩難。劉備一知道這情形，就對徐庶說，我固然非常需要你幫忙，可是我不能做違背情理的事，如留你下來，曹操會殺你的母親，使你一生都受良心的責備，你還是去吧！所以另一角度的結論就說，一個領導人，應該深體人情，那麼曹操應讓靳允去救他的母親才對。此所以曹操是曹操，劉備是劉備，他們兩人的領導器度，絕對不同。

「魏文帝問王朗等曰：昔子產治鄭，人不能欺；子賤治單父，人不忍欺；西門豹治鄴，人不敢欺；三子之才，與君德孰優？」

這段是說魏文帝曹丕，問他的大臣王朗他們：根據歷史的記載，春秋戰國的時候，鄭國的大臣子產，能夠不受部下和老百姓的欺騙；孔子的學生子賤治單父的時候，受他道德的感化，一般人不忍心騙他；而西門豹治鄴都的時候，一般人不敢騙他。不能騙、不忍騙、不敢騙，三個不同的反應，在今天（曹丕當時）看來你認為哪一種好？

「對曰：君任德則臣感義而不忍欺，君任察則臣畏覺而不能欺，君任刑則臣畏罪而不敢欺。任德感義，與夫導德齊禮，有恥且格，等趨者也；任察畏罪，與夫導政齊刑，免而無恥，同歸者也。優劣之懸，在於權衡，非徒鈞銖之覺也。」

這是王朗的答覆，首先解釋不忍欺的道理，就是孔子的學生，子賤治單父的事情。王朗說，上面的領導人，本身有德，一切依德而行，能夠真愛人、真敬事，一般部下和老百姓，都感激他的恩義，不忍心騙他。其次說到領導人任察，所謂「察察為明」，什麼事情都看得很清楚，如近代歷史上，清朝的雍正皇帝，剛開始上臺的時候，一個大臣晚上在家裏和自己的姨太太們打牌，第二天上朝的時候，雍正就問他昨天夜裏在幹什麼？這位大臣回答昨夜沒事，在家裏打牌。雍正聽了以後，認為這大臣說話很老實，因此很高興地笑了，並且送了他一個小紙包，吩附他回去再打開來看。這位大臣回到家裏打開雍正所送的紙包一看，正是昨夜打完牌，收牌時所少掉而到處找不到的那一張牌，可不知道怎麼到了皇帝的口袋裏。這說明雍正早已知道他昨夜是在打牌，他如果當時撒謊，說昨夜在處理公事，擬計劃，寫報告，那就糟了。這在雍正，就是察察為明。偶然用一下則可，但是不能長用，長用總不大好。這樣以「察察為明」的作為，便是使人不能欺的作風。所以作領導人的，明明知道下面的人說了一句謊話，也許他是無心的，硬要把他揭穿，也沒有道理，有時候裝傻就算了。再其次說到不敢欺，上面的法令太多，一犯了過錯，重則殺頭，輕則記過，完全靠刑罰、法規來管理的話，那麼一般部下，怕犯法，就不敢欺騙了。這樣在行政上反而是反效果。下面的人都照法規辦理，不用頭腦，明知道法規沒有道理，也絕對不變通處理，只求自保，那就更糟了。

這篇是講臣道，專門講幹部對上面盡忠的道理，但是盡忠不能只作單方面的要求，如果上面領導得不對，下面也不可能忠心的。所以王朗在這裏引申，要上位者有真正的道德，下面自然感激恩義，這和《論語》為政第二篇孔子所說的：「道之以政，齊之以刑，民免而無恥；道之以德，齊之以禮，有恥且格」兩句話的意思一樣。王朗在這裏就是襲用孔子的這兩句話，予以闡述。任德感義的，同「道之以德，齊之以禮，有恥且格」一樣達到最高的政治目的。假使靠察察為明，使下面的人怕做錯了的政治風氣，就等於孔子所說「道之以政，齊之以刑，民免而無恥」的結果是相同。就是說不要認為拿政治的體制來領導人，拿法令來管理人，是很好的政治。法令越多，矛盾越多，一般人就在法令的空隙中逃避了責任，而且自認為很高明，在內心上無所慚愧。他最後說，這兩種情形之下，好壞的懸殊很大，主要的還是在於領導人自己的權衡，像天秤一樣，不能一頭低一頭高，要持平。但一個領導人、大幹部，決定大事的時候，不能斤斤計較小的地方。

「或曰：季文子，公孫弘，此二人皆折節儉素，而毀譽不同，何也？」

這是歷史上兩個人的評論。季文子是春秋時名臣，道德非常高。公孫弘是漢朝有名的宰相，此人來自鄉間，平民出身，很有道德，名聞天下，一直作漢武帝的宰相。雖然作了幾十年宰相，家裏吃的菜，還是鄉巴佬吃的菜根、豆腐、粗茶淡飯，穿的衣服舊兮兮的，非常樸素。我們看《史記》公孫弘的傳記，一長篇寫下來都是好的，實在令人佩服，不好的寫在別人的傳記裏了，這是司馬遷寫傳記的筆法。公孫弘這個人實際上是在漢武帝面前作假，等於民國以來的軍閥馮玉祥一樣，和士兵一起吃飯的時候啃窩窩頭，回去燕窩雞湯炖得好好的，外面穿破棉大衣，裏面卻穿的是最好的貂皮背心，公孫弘就是如此。季文子和公孫弘都折節——所謂「折節」，在古書上常看到，如「折節」讀書。曾國藩有幾個部下，器宇很大，但學問不夠，受了曾國藩的影響，再回去讀書，結果變成文武全才，這情形就叫作折節讀書。換句話說，就像一棵樹長得很高，自己彎下來，就是對人謙虛，雖然身為長官，對部下卻很客氣，很謙虛，所謂禮賢下士，也是折節的意思。這段書說，季文子、公孫弘這兩個人，到了一人之下，萬人之上的尊榮，都不擺架子，自己也能儉樸、本素，可是當時以及歷史上，對這兩個人的毀譽，卻完全不同。司馬遷對公孫弘是親眼看到的，寫歷史的人，手裏拿了一枝筆，絕不會姑息的，對就是對，不對就是不對。可是中國的歷史，大多都是隔一代寫的，當代多是紀錄下來的筆記。由此觀之，問題很大，隔了一代，就有許多事情，不夠真實。但是評論歷史人物，卻的確需要隔一代，在當代要批評人物，也得留點情面，這就有感情的成分存在，隔一代的評論就不同了，沒有情感和利害關係，才能冷靜客觀。這裏的兩個人，在當時的為人處世形態和做法是一樣的，當代的人很難評論，而後來歷史的評論，完全不同。這是什麼道理？

「范曄稱：夫人利仁者，或借仁以從利；體義者，不期體以合義。」

范曄是《後漢書》的作者，南北朝劉宋時的名臣。他說范曄曾說過，人並不是各個都仁，有些人拿「仁」來做幌子，在政治上假借仁為手段，以達到個人的私利；另外有些人處處講義，做事情講究應不應該，合不合理，可是並不一定是為了一個義的目標而做的。

「季文子妾不衣帛，魯人以為美談；公孫弘身服布被，汲黯譏其多詐，事實未殊而毀譽別者，何也？將體之與利之異乎？故前志云，仁者安仁，智者利仁，畏罪者強仁。校其仁者，功無以殊，核其為仁，不得不異。安仁者，性善者也；利仁者，力行者也；強仁者，不得已者也；三仁相比，則安者優矣。」

這仍是范曄的話，他說季文子身為宰相，他的太太們身上沒有穿過好的衣服，魯國人談起來，都認為這是自己國家的光榮。可是漢武帝時候的公孫弘，當了宰相，一輩子穿布衣服（等於現在的人，始終穿一套卡其布中山裝，這樣不好嗎？說他作假，作一輩子可也不容易）；而和他同朝的監察御史汲黯（這個人漢武帝都怕他，監察御史的職權大得很，皇帝不對，有時他也當面頂起來。古專制時代的皇帝也不好當的。汲黯講話不大清楚，有點大舌頭，好幾次為了國家大事，和漢武帝爭吵，他站在那裏，結結巴巴講不出話來，把漢武帝都逗笑了，依他的意見，教他不要急），這個骨鯁之臣，硬作風的人，就當面指責公孫弘是作假。季文子和公孫弘的實際行為都是一樣的，可是在歷史上，季文子絕對是好的，公孫弘則後世認為他在作假，是什麼理由？這就要自己去體會。

用仁義做手段來興利，或為了天下的利益，或為自己的利益，一是為公，一是為私，差別就在這裏。換句話說，歷史是很公平的。如果真的做了一件事，在歷史上站得住，留給後世的人景仰，是的就是，非的就非。所以前人書上的記載（指孔子的話）說：「仁者安仁，智者利仁。」有些部下，怕觸犯上面規定的法令，怕不合規定，勉強做到仁的境界，這樣做就不是自然的，不是本身的思想道德與政治道德的修養。所以比較起來，這幾種為仁的表現雖然一樣，但是仔細考核起來，他內在思想上，心理的動機是有差別的。有些人天生的就仁慈，如以歷史上的帝王來說，宋太祖趙匡胤就天生的仁慈。

一部二十四史，幾乎沒有一個開國皇帝不殺功臣的，只有趙匡胤杯酒釋兵權，成為歷史的美談。等於是坦白的說明了，他手下的這些將領，在起義當時，都是他的同事，當時他只是憲兵司令兼警備司令這一類的官，陳橋兵變，黃袍加身，同事們把他捧起來，當了皇帝，後來他想也是很難辦。我們看了一部二十四史，作領袖的確很難，我們常說朱元璋刻薄，殺的功臣最慘，如果人生經驗體會得多了，到了那種情況，也真沒有辦法。朱元璋本來很好的，當了皇帝還念舊，把當年種田的朋友找來，給他們官做。可是他們在朝廷裏亂講空話，把當年小時候打架踢屁股的事都說出來，說一次還不要緊，常常說，連其他的大臣都受不了，只有宰了。不要說當皇帝，很多人上了臺以後，一些老朋友、老同學，來了一起做事，也一樣以老同學關係，在公開場合說空話。所以趙匡胤當了皇帝以後，一些同時打天下的人，恃寵而驕了，使趙匡胤沒有辦法，只好請大家來吃飯。酒喝多了，飯吃飽了，他對大家說，皇帝這個位置不好坐呀！大家說，這有什麼不好坐，大家擁護你到底。趙匡胤說，你們當時把黃袍替我穿上就逼我作皇帝，假使有一天，別人也把黃袍替你穿上，又該怎麼辦？這一下大家明白了，站起來問他該怎樣才好，一定聽他的。於是趙匡胤說，大家要什麼給什麼，回家享福好不好？大臣們只好照辦。這就叫作杯酒釋兵權，所以沒有殺過功臣。這是研究趙匡胤的這一面，他確實很仁慈。

另一面來說，因為很仁慈，宋朝的天下，自開國以來，始終只有半壁江山，黃河以北燕雲十六州，一直沒有納入版圖。因為他是軍人出身，知道作戰的痛苦，也知道戰爭對老百姓的殘害，他不想打仗，只想過安定的日子，拿錢向遼金把這些地方買回來。這是歷史另一面的研究。

現在講到人的天性問題：安於仁的人，天性就良善；而利用仁的人則不同了，只是硬要做到仁的境界，不是天生的厚道。而另外有些人，比主動利仁還差一級的，是外表行為勉強做到仁的標準，因環境所逼，不得已才這樣做的。所以在安仁、利仁、強仁這三種性格的人，比較起來，安於仁道的人當然最好。

「議曰：夫！聖人德全，器無不備。中庸已降，才則好偏。故曰：柴也愚，參也魯，師也辟，由也喭。由此觀之，全德者鮮矣！全德既鮮，則資矯情而力善矣！然世惡矯偽，而人賢任真，使其真貪愚而亦任之，可為賢乎？對曰：吁！何為其然？夫肖貌天地，負陰抱陽，雖清濁賢愚，其性則異，而趨走嗜欲，所規則同。故靡顏膩理，人所悅也；乘堅驅良，人所愛也；苦心貞節，人所難也；徇公滅私，人所苦也。不以禮教節之，則蕩而不制，安肯攻苦食淡，貞潔公方，臨財廉而取與義乎？故《禮》曰：欲不可縱，志不可滿。古語云：廉士非不愛財，取之以道。《詩》云：如切如磋，如琢如磨。皆矯偽之謂也。若肆其愚態，隨其鄙情，名曰任真而賢之，此先王之罪人也。故吾以為矯偽者，禮義之端；任真者，貪鄙之主。夫強仁者，庸可誣乎？」

這一段是本文作者的評論，開頭一段講到人才的道理，可以說是領導人如何去發掘人才，也可以說作幹部的對自己的認識。他是以中國文化中「聖人」這個名稱，來標榜學問道德的最高成就，他說：聖人是天生的道德全備（這裏的道德，並不是我們現代所講的道德觀念，這是一個名稱，包括了內心的思想、心術、度量、才能等等），器識，才具，學問，見解，沒有不完全的。等而下之，不是聖人這一階層，中等的人，每個人都有他的才能，各有長處，不過所好不同，各有偏向，某人長於某一點，某人欠缺某一點。所以孔子對他的學生批評：柴也愚，參也魯，師也辟，由也喭，四人各有所偏。由這個道理看來，一個人「才」、「德」、「學」能全備的，就比較少了。既然全德的人是少數，要想達到至善，只好靠後天的努力，由外表行為做起，慢慢影響內在（如教學生對人要有禮貌，學生說不習慣，就教他們先由表面做起——做作，久了就變真了）。但是世界上一般人又討厭作假，喜歡坦率。不過一個貪愚的人，也坦率，貪得坦率，要就要、笨就笨，這樣的人難道就讓他坦白的貪愚下去嗎？就可以信任他，把責任交給他，認為他是好的嗎？道理並不是這樣的。「肖貌天地，負陰抱陽。」中國的哲學，人是稟賦陰陽的資質，為天地所生。外國人說上帝依照他自己的樣子造人，中國人不講上帝，而說人是像（肖就是像）天地一樣，本身具備有陰陽之性，雖然生下來，清、濁、賢、愚，後天的個性各有不同，可是追求嗜欲，要吃好的，穿好的，富貴享受，這種傾向，都是相同的。所以人都要把自己裝扮起來，好像女人總要抹抹口紅，男人總要刮刮鬍子，因為大家都認為這樣好看。坐高級的車子，騎上好的馬，以現代來說，坐最新穎的汽車，是大家都喜歡的；相反的，守得清貧，喜歡窮，非常潔身自愛，這是難以做到的。當然有這種人，但那是少數，不能普遍要求每一個人。至於那種處處為公，絕對不自私的典範，理論上是不錯的，但事實上是不可能的，領導人要注意，如此要求、鞭策自己可以，要求別人的尺碼就要放寬一點。

所以一個人要做到歷史上所標榜忠臣孝子的標準，必須以學問道德，慢慢修養而來，人性生來並非如此良善。因為自己思想學識認識夠了，由禮義的教育下來，能對自己的欲望有所節制，才做得到。假使不在後天上用禮義教育節制，任由人性自然的發展，就像流水一樣飄蕩、放浪，欲望永遠無窮。如此欲望無窮，又怎麼能夠吃苦過日子，安於淡泊，做到絕對貞潔，一切為公，一切方正，尤其在錢財方面，臨財不苟取，完全合於義禮呢？所以《禮記》上說，「欲不可縱，志不可滿」（這八個字把政治、教育、社會，乃至個人的修養都講完了）。教育並不是否認欲望，而在於如何設法不放縱自己的欲望，「志」是情感與思想的綜合，人的情緒不可以自滿，人得意到極點，就很危險。歷史上可以看到，一個人功業到了頂點以後，往往會大失敗。所以一個人總要留一點有餘不盡之意。試看曾國藩，後來慈禧太后對他那麼信任，幾乎有副皇帝的味道，而曾國藩卻害怕了，所以把自己的房子，命名為「求闕齋」，一切太圓滿了不好，要保留缺陷。古人說的廉士清官，絕對不要錢嗎？恐怕不是。一般人公認的清官包公，假使說他連薪水袋都不拿，那才是怪事哩！如果上面有合理合法的獎金給他，他還是應當拿的，所以廉士不是不愛錢，而是取之有道，對於不義之財絕對不取，已經是了不起了。

《詩經》裏說的：「如切如磋，如琢如磨」（《論語》引用這兩句話是從好的一面講，這裏是從相反的一面講）。人還是得像雕刻一樣，用後天的努力，勉強自己，雕鑿自己，慢慢改變過來（我們作學問，該有這一層領悟，也就是任何一句話，都有正反兩面，乃至多角度的看法。《詩經》這兩句話，在《論語》裏，孔子和子貢討論到詩，是就道德的修養而言；而這裏說，一個人要改變自己的個性，由作假而變成真的，也同樣用到這兩句話。這就是我們寫文章，以及作人做事要體會的，尤其是一個領導人，更必須有這一層認識。同樣一句話，各個人的看法都會不同，所以對於別人的要求，也不能完全一致。由此可見，文字語言，不能完全表達人類的思想，如果能夠完全表達，人與人之間，就沒有誤會了。所以說話很困難，除了口裏發聲以外，還要加上眼睛、手勢、表情等等，才能使人懂得。有時候動錯了，別人還是會誤會的。在哲學觀點說，這就是人類的悲哀）。

現代全世界的青年，包括中國的青年，都反對後天的約束。他們覺得一切太假了，認為人欲怎樣就該怎樣，所以前些年的嬉皮，就是這樣，要求任真（現代所謂的放任自然）。人為什麼要那麼多的禮貌？那麼多的思想範圍？這問題是從古至今都存在的。這裏就說，放肆天生愚蠢、醜陋不穩定的情緒，讓它自然發展，毫不加以理性的約束，認為這樣才不矯情，才算任真；那麼想要殺人搶人，就殺人搶人，也是任真自然嘛！情緒上想到要搶就搶，這是自然囉！也沒有錯囉！但真這樣就糟了，先王就成為文化罪人了（這個先王，在古文中常有，並不是專指哪一個人，而是泛稱，代表傳統文化）。最後作者自己的結論認為，矯情的人是作假（如小學裏教孩子，一進學校要說：「老師早！」這就是矯情，小孩子生出來，絕不會說媽媽早，你好！而是後天教育替他加上「老師早！老師好！」的觀念），但人類之有制度禮貌，就靠這點矯情開始的，在教育上另用一個好聽的名辭就是塑造。慢慢的，作假就是真，並不是假，而是矯正過來，改變過來，成為禮義的開始。而任真的結果，就成貪鄙之主。所以勉強學仁道的，怎麼可以隨便批評呢？《長短經》的作者，認為強仁是對的。

這裏就想到一件歷史故事，晉朝有名的大臣陶侃，是平民出身，有名的陶侃運甓的故事就是他。原來他作過都督，長江以南的政權都操縱在他手裏，而他還是願意習勞苦，每天在家裏把一些陶土的磚塊，搬進搬出，他說，人的地位高了，筋骨易於疲憊，不能不習勞苦，如安於逸樂，一旦有事，體力吃不了苦就不行。同時他很節省，把木匠做工剩下來的竹頭木屑，都留下來，堆了幾房間，人家以為他小器。後來發生了戰爭，造戰船的時候，需要竹釘都沒地方可買，他就把這些小竹頭拿出來作釘子用，及時造好了戰船。所以他告訴部下，天下任何東西都有用處，不要隨便浪費。那時正需要人才，有人向他推薦一個青年，他自己就去看訪。看到這青年住在一個小房間裏，滿屋的書畫，可是棉被好像三年沒有洗，頭髮又亂又長，他看了一眼就走了。然後他對推薦人說，這個青年，連一個房間都沒有管好，國家天下大事，我不相信他能管理好。所謂「亂頭養望，自稱宏達」，這是他的名言，就是說這個青年，頭髮也不梳，弄得亂亂的，藉此培養自己聲望，而自命為宏達任真。結果一個小房間都治理不好，恐怕別無真才實學。

「或曰：長平之事，白起坑趙卒四十萬，可為奇將乎？」

這是另外舉出的一個歷史經驗。

這是春秋戰國時候，一件有名的故事。秦國的大將白起打趙國，趙國打敗了，四十萬人向白起投降了。而白起在一夜之間，把這四十萬人活埋了。在中國歷史上，很多地方提起這件事，幾千年來，一直到現代還提到。另一面在後人的筆記中記載，有人殺豬，刮毛以後，背上現出「白起」兩個字，這是講因果報應，說白起直到現在，生生世世還是在被人宰殺。不管因果報應的事有沒有，這是中國的傳統思想，戰爭殺人，是為民族，為國家，為正義不得已，所以沒有罪。但如果為了私怨，尤其是對於已經投降了的人，還把他活埋，這個罪過可大了。根據歷史的經驗，這樣是絕不可能成功的。所以說，像中共當初殺人，比白起殘忍到不知多少倍，假使他不垮的話，我寧可認輸，是我一輩子讀書讀錯了。從史實上來看，中共是絕對不可能成功的。看清史，曾國藩、李鴻章打太平天國的時候，李鴻章的淮軍起來，不得已借用外國人的洋槍隊。有一英人古登，帶兵幫忙打長毛，打到蘇州的時候，有八個太平天國的將領帶了好幾萬人向李鴻章投降，當時答應的條件，是仍舊給他們職務，後來見李鴻章的時候，有個人把他們都抓去殺了，以後這人的結果，還是很不好。而當時古登，對這件事大加反對。後來歷史上評論，一個外國人尚且有這樣的正義感，不主張殺投降的人，可見一般人的看法對白起很不以為然。

這裏就提出長平之役這件事情來討論，白起這個人算是軍事作戰上了不起的奇將吧？

「何晏曰：白起之降趙卒，詐而坑其四十萬，豈徒酷暴之謂乎？後亦難以重得志矣！向使眾人豫知降之必死，則張虛拳，猶可畏也。況於四十萬被堅執銳哉？天下見降秦之將，頭顱依山，歸秦之眾，骸積成丘，則後日之戰，死當死耳，何眾肯服？何城肯下乎？是為雖能裁四十萬之命，而適足以強天下之戰。欲以要一朝之功，而乃更堅諸侯之守。故兵進而自伐其勢，軍勝而還喪其計，何者？設使趙眾復合，馬服更生，則後日之戰起，必非前日之對也。況今皆使天下為後日乎？其所以終不敢復加兵於邯鄲者，非但憂平原之補縫，患諸侯之救至也，徒諱之而不言耳。且長平之事，秦人十五以上，皆荷戟而向趙矣。夫以秦之強，而十五以上，死傷過半，此為破趙之功小，傷秦之敗大也，又何稱奇哉？」

這是引用何晏的話，來評論白起算不算一位奇將。

何晏是魏時人，他說白起活埋了趙國的四十萬人是一大騙局，答應投降了就沒有事，結果人家投降了，又把人家活埋。這不但是性情太殘暴了，以整個戰略而言，實在失策，一定會失敗的。假使在投降之前就預先知道投降以後，會上當而死，這四十萬人就是沒有武器，赤手空拳的抵抗到底，也很可怕，何況這四十萬人，身上都還穿了堅硬的戰甲，手上還拿有銳利的武器，真打下去實在不易征服。不幸，大家相信，而上當受騙而已。白起當時以為做得很高明，實際上是增加了秦國統一天下的困難。他這樣一來，天下人都看見了，知道凡是向秦國投降的人，都不會有好結果。好像是今日世界上凡是向共產黨靠攏的人，都沒有好結果一樣。投降的將領被砍下來的頭顱堆得像山一樣高，歸秦的眾人的骸骨堆起來像丘陵那麼多。從這次以後，秦國如果再與人作戰，大家都認清楚了，要死的時候就壯壯烈烈的死，反正向秦國投降了也是死，何不抵抗到底。再也沒有人肯向秦軍投降了，自此以後，秦國無論攻什麼地方，都很不容易打下來。所以白起這樣做法，反而延遲了秦國統一天下的時間，因為他雖然一夜之間殘殺了四十萬生命，相反的作用，等於告訴天下人，自己必須堅強，絕不能投降。為了希望得到一時的功勞，實際上更加堅定了各國諸侯守土的意志和決心，在戰略與政略的道理上說，白起這個做法，是正在進兵的時候，自己削弱了自己的有利形勢，軍事的表面上勝利，而在政治上、國際上，使自己的計劃走不通，這是什麼理由呢？因為趙國雖然失敗了，但並沒有亡國，假使再起來作戰，趙國的大元帥再出來一個馬服君，那這下一次的戰爭，就不比前一次，這次秦國就會失敗了。況且自白起這一手以後，所有國際上都對秦國備戰了，因此秦國統一天下的進度就慢了，所以後來始終不敢再出兵攻打趙國的邯鄲。這不但是因為趙國經這次失敗，由平原君起來當統帥，秦國怕了，更重要的是怕各國諸侯聯合起來救趙國。秦皇知道這個道理，內心非常忌諱，只是沒有說出來而已。

並且以這一次長平之役，從另一個角度來看，在戰役之前，秦國的兵源不夠，重新發一道命令，變更法令，凡是十五歲以上的青少年都要服兵役，拿了武器，到前方和趙國打仗。這仗打下來很慘，秦國十五歲以上的人，死傷過半。可見白起這一仗打下來，並沒有消滅趙國，只是騙了趙國的四十萬人活埋了；而對於秦國的損害，卻無法彌補。以將領而論，白起並不是一個好將領，根據一個大將的修為，要懂得政治，懂得政略，要有長遠的眼光，中國歷代的第一流大將都是文武兼資的。武功很高，很勇敢的只是戰將，不是大將，大將都是有高度的素養。就以近代史而言，大元帥曾國藩，就是文人。

這件事就是告訴我們，大而用兵，小而個人與敵人正面衝突的時候，都是同樣的原則，要言而有信，欺騙只可獲得一時的勝利，可是其惡果，則是得不償失。

下面的討論，就提到《素書》了。

「議曰：黃石公稱柔者能制剛，弱者能制強，柔者德也，剛者賊也，柔者人之所助，剛者怨之所居。是故紂之百克而卒無後，項羽兵強，終失天下。故隨何曰：使楚勝，則諸侯自危懼而相救，夫楚之強，適足以致天下之兵耳。由是觀之，若天下已定，藉一戰之勝，詐之可也，若海內紛紛，雌雄未決，而失信義於天下，敗亡之道也。當七國之時，諸侯尚強，而白起乃坑趙降卒，使諸侯畏之而合縱，諸侯合縱，非秦之利，為戰勝而反敗，何晏之論當矣。」

他引用黃石公所說的原則，再加以發揮。黃石公所說的原則，也就是道家的思想：柔能克剛，弱能制強。所謂柔，就是道德的感化。過剛，就是用強硬的手段，像白起這種做法，就是賊，就是不正，過剛就是錯了。有如一個人，體力不夠，在街上走路跌倒，大家看見，一定上前幫助，柔者人之助。如果是太剛強的人，那就不見得如此。太剛的人，怨恨都集中到他身上，作人就是這個道理。個性、脾氣的剛柔，也是一樣。歷史上紂王當時百戰百勝，結果還是被周武王打垮而亡了國。項羽每次戰爭都打勝仗，和劉邦打了七十二次戰役，前面七十一次都戰勝劉邦，到最後一次項羽敗了，也就完了。所以漢代的學者隨何（他曾經勸黥布背楚降漢，平定天下後，漢高祖封他為護軍中尉），他當時曾說過，全國人的心理，並不希望楚國項羽打勝仗，項羽一打勝仗，所有的諸侯，自己害怕，就彼此聯盟，幫忙互救。所以楚國越強，對劉邦越有利，大家都知道劉邦是個老實人，直爽厚道，大家都願意和劉邦聯合。所以從這個道理看來，假定天下整個的局面是安定的，只有一個敵人，只要這一次戰爭，就可解決一切，這樣用一點假，還可以（這就告訴我們，在軍事上，乃至在工作上，最高的原則，還是誠信。不誠不信，最後終歸失敗）。如果整個的時代是不安定的，在海內紛紛，最後到底是誰成功，還沒有決定的階段，就要注意，不要眼光淺短，不要太貪現實。這個時候，想要真正的成功，還是要誠懇。假使在這個時候失信於天下，最後一定敗亡。

那麼回過來看長平之役，正當七雄爭霸的時候，秦國想統一天下還做不到，六國諸侯的力量還是相當強盛，白起一下子坑了趙國四十萬降卒，這一決定處理下來，結果使諸侯害怕了，反而組織聯合戰線，合縱了。諸侯一合縱，當然對秦國不利。白起在戰場上身為統帥，這一個戰地的處決，把降卒活埋了，他當時還自認為這是一次最光榮的大勝利，可是在整個國際局面來講，是秦國的一次大失敗，因此何晏的說法是對的。

南懷瑾文化出版相關著作

2014年出版

南師所講呼吸法門精要
劉雨虹／彙編

孟子與盡心篇
南懷瑾／講述

東拉西扯——說老人，說老師，說老話
劉雨虹／著

雲深不知處：南懷瑾先生辭世週年紀念
劉雨虹／編

禪海蠡測
南懷瑾／著

禪海蠡測語譯
南懷瑾／原著，劉雨虹／語譯

孟子與滕文公、告子
南懷瑾／講述

太極拳與靜坐
南懷瑾／講述

2015年出版

點燈的人：南懷瑾先生紀念集
東方出版社編輯群／編

金粟軒紀年詩
南懷瑾／原著，林曦／注釋

話說中庸
南懷瑾／著

孟子與萬章
南懷瑾／講述

孟子與離婁
南懷瑾／講述

孟子與公孫丑
南懷瑾／講述

2018年出版

南懷瑾與楊管北
劉雨虹／編

禪、風水及其他
劉雨虹／著

如何修證佛法（上下）
南懷瑾／講述

藥師經的濟世觀
南懷瑾／講述

懷師之師：袁公煥仙先生誕辰百卅週年紀念
劉雨虹／編輯

我的故事我的詩
南懷瑾／講述

洞山指月
南懷瑾／講述

百年南師——紀念南懷瑾先生百年誕辰
劉雨虹／編

新舊教育的變與惑
南懷瑾／著

禪與生命的認知初講
南懷瑾／講述

易經繫傳別講（上下）
南懷瑾／講述

道家密宗與東方神祕學
南懷瑾／著

中醫醫理與道家易經
南懷瑾／講述

2016年出版

對日抗戰的點點滴滴
南懷瑾／口述

孟子旁通
南懷瑾／講述

大圓滿禪定休息簡說
南懷瑾／講述

我說參同契（上中下）
南懷瑾／講述

人生的起點和終站
南懷瑾／講述

孔子和他的弟子們
南懷瑾／著述

漫談中國文化：企管、國學、金融
南懷瑾／講述

跟著南師打禪七：一九七二年打七報告
劉雨虹／編

2017年出版

瑜伽師地論 聲聞地講錄（上下）
南懷瑾／講述

靜坐修道與長生不老
南懷瑾／著

圓覺經略說
南懷瑾／講述

答問青壯年參禪者
南懷瑾／講述

說不盡的南懷瑾
查旭東／著

說南道北：說老人 說老師 說老話
劉雨虹／著

2019年出版

花雨滿天維摩說法（上下）
南懷瑾／講述

金剛經說甚麼（上下）
南懷瑾／講述

懷師的四十三封信
劉雨虹／編

2020年出版

禪宗新語
南懷瑾／著

楞嚴大義今釋
南懷瑾／著

懷師的四十八本書
劉雨虹／著

皇極經世書今說——觀物篇補結
閆修篆／輯說

談天說地：說老人、說老師、說老話
劉雨虹／著

2021年出版

照人依舊披肝膽 入世翻愁損羽毛——劉雨虹訪談錄
岱峻／編著

傳統身心性命之學的探討
南懷瑾／講述

一個學佛者的基本信念
南懷瑾／講述

歷史的經驗
南懷瑾／講述

歷史的經驗

建議售價・300元

講　　述・南懷瑾

出版發行・南懷瑾文化事業有限公司

網址：www.nhjce.com

代理經銷・白象文化事業有限公司

412台中市大里區科技路1號8樓之2（台中軟體園區）

出版專線：（04）2496-5995　傳真：（04）2496-9901

401台中市東區和平街228巷44號（經銷部）

購書專線：（04）2220-8589　傳真：（04）2220-8505

印　　刷・基盛印刷工場

版　　次・2021年9月初版一刷

國家圖書館出版品預行編目資料

歷史的經驗／南懷瑾講述．--初版.—臺北市：
南懷瑾文化事業有限公司，2021.09
面：　公分
ISBN 978-986-06130-3-2（平裝）
1.中國史 2.文集
617　110012742